SEULS L'AMOUR ET LA PAIX CONSTRUIRONT LE MONDE ET L'HUMANITÉ

www.paroleetsilence.com
ISBN 978-2-88959-494-8

Dieudonné Mushipu Mbombo

SEULS L'AMOUR ET LA PAIX CONSTRUIRONT LE MONDE ET L'HUMANITÉ

Une lecture de quelques péricopes de l'Évangile

Préface de Marie-Noëlle Thabut, bibliste

Parole et Silence

À tous les artisans de paix
dans notre monde troublé par des guerres inutiles,

À tous ceux qui enseignent l'amour
comme arme de fraternisation du genre humain
au-delà des différences de races, de cultures et d'opinions

PRÉFACE

Le Père Dieudonné Mushipu m'a fait l'honneur de me demander de préfacer son ouvrage. Je le fais bien volontiers parce que cette lecture a été pour moi une joie, un vent de fraîcheur. Le Père est professeur de théologie mais ce qu'il nous propose ici n'est pas de l'ordre de l'argumentation ou de la démonstration : il nous entraîne dans sa propre contemplation. Il laisse parler son cœur brûlant. Il me fait irrésistiblement penser aux lettres de saint Jean car il brode sans cesse sur l'amour : celui de Dieu pour nous, celui du Christ, le nôtre en chemin. Comme s'il contemplait un diamant sous toutes ses faces. Nombre de ses phrases sont des trouvailles et sonnent comme des petites maximes à retenir : j'en ai soigneusement noté quelques-unes comme de petites lumières pour illuminer ma propre route.

Tel le pélican gravé sur l'un des chapiteaux du Cénacle à Jérusalem, le Père Dieudonné Mushipu est imbibé des Évangiles et nous en nourrit : au long des pages, il lit, commente, revisite avec nous pas moins d'une cinquantaine de péricopes évangéliques ; sous sa plume, elles reprennent vie. Et nous voilà ragaillardis, remplis de forces neuves comme au soir d'une retraite.

À le lire, on se trouve régénéré. Il nous donne envie de « se laisser déposséder, apprendre à donner de soi, de son temps, de sa vie » (page 31). Puissions-nous l'entendre.
Il ne donne pas dans l'angélisme pour autant ; il est lucide sur la présence du mal en chacun de nous et autour de nous « Nous sommes souvent tentés, dit-il, de nous laisser entrainer dans les dérives morales de notre société au lieu de prendre plutôt l'évangile, Jésus offert aux hommes, comme la seule boussole pour notre salut. » (page 107).
Pour conclure, je lui laisse la parole : « Laissons-nous fasciner par le Christ amour, laissons-nous habiter par l'Esprit du Seigneur, ainsi nous pourrons participer à son dessein de salut pour l'humanité. » (page 78). Merci, Père Dieudonné Mushipu pour ce voyage dans la foi !

Marie-Noëlle THABUT, Bibliste

INTRODUCTION

Le projet de Dieu sur les hommes est qu'ils se reconnaissent ensemble frères et sœurs en vivant dans la paix et dans l'amour, parce qu'ils ont une même origine et un même Père. D'où cette question légitime : le vivre-ensemble est-il voulu par Dieu ? Certainement oui. Les frontières des pays et les différences entre les peuples sont des créations très humaines. Dieu a créé le monde, et y a mis l'homme. Les hommes qui vivent sur la terre et qui forment le genre humain sont appelés à se reconnaître en Jésus comme des frères et des sœurs en humanité. Dieu, le Père de notre Seigneur Jésus, est le Père de tous les hommes. Ils font tous partie de la grande famille de Dieu. La vérité de notre relation entre nous, et avec Dieu, se laisse percevoir dans la prière de Notre Père.

Cette prière de Notre Père est la prière de tous les chrétiens de toute notre histoire et de tous les pays. Elle est située, dans l'Évangile selon Saint Luc, après le rappel de la loi d'amour au chapitre dixième. Elle prend toute sa place dans la constitution du peuple de Dieu. Ce peuple, en s'aimant comme le Christ le demande, fait preuve de son appartenance à un même et seul Père. Cette prière nous situe donc dans une dynamique relationnelle avec

Dieu qui est le Père de tout homme. C'est une prière qui fonde aussi nos relations entre les humains créés tous à la ressemblance de Dieu : nous sommes invités à nous pardonner pour être digne du pardon de Dieu, faire du bien aux autres en évitant le mal qui détruit l'humanité. Les différences entre les personnes, au lieu d'être un handicap à la construction d'une humanité qui rassemble, devraient être une richesse pour fonder justement une unité en un Dieu qui demande que l'on s'aime. En Jésus, le mur de la séparation s'écroule. La communion voulue par le Christ ne peut se vivre concrètement que lorsque les hommes vivent en considérant leurs différences et leurs diversités comme des richesses.
Jean Paul II disait que la mondialisation économique c'est bien, même s'il faut l'améliorer dans la dimension de sa considération de l'homme...mais il ajoutait qu'il nous faut, avant tout, une mondialisation de l'amour et de la paix. Cette belle idée a été bien comprise par les grands théologiens, comme Hans Küng, qui demandent de fonder une éthique planétaire pour sauver l'humanité. Les Églises et les religions ont généralement la noble vocation éducative qui est celle d'humaniser l'humanité. Par leurs prédications, par leurs pratiques, par leurs écoles et par leurs catéchèses, elles doivent apporter leur contribution à l'instruction de l'humanité. Certaines Églises l'ont compris aujourd'hui et affichent clairement leurs ambitions d'étendre leur éducation jusqu'aux adultes. On retrouve dans nos paroisses des commissions qui s'occupent de l'éducation des adultes. Toute cette entreprise éducative ne devrait viser que la construction d'une éthique commune susceptible d'aider tout le monde à prendre conscience de l'urgence qu'il y a à

considérer chaque être humain qu'il rencontre comme créé à l'image de Dieu et, possédant pour cette raison, le droit au respect et à la dignité.
Cette éthique ne peut se définir autrement, selon nous, que sur la base de l'amour et de la paix entre les hommes. L'amour est le seul commandement que le Seigneur donne à l'homme. Avec l'amour se construit l'entente entre les hommes et entre les peuples. Par l'amour, la paix est possible dans une humanité encline à s'entre-manger. La paix est le meilleur cadeau que le Seigneur laisse à l'humanité au moment où il quitte sa nature humaine en ressuscitant à une nature nouvelle. Chaque apparition, après sa mort, était l'occasion pour le Seigneur de montrer à l'homme que le testament qu'il lui lègue est d'abord et avant tout d'obtenir et de donner la paix. Et celle-ci n'est possible que par et dans l'amour.
L'amour n'est pas, dans la bouche du Seigneur, un mot dénué de sens comme un simple sentiment à l'image de l'amour tel qu'on en parle à temps et à contretemps aujourd'hui et qui est vidé de contenu. Lorsque Jésus parle d'amour, il demande d'avoir un sentiment vrai qui sort du cœur et qui va vers un autre, non seulement par des mots mais aussi par des gestes concrets qui apportent la paix, la joie, le bien-être et la bienveillance. Jésus invite même à la pratique, comme ce texte veut bien nous le dire.

Pas Seigneur, Seigneur… mais faire la volonté de mon Père : Lc 10,1-20

« Ceux qui me disent : Seigneur, Seigneur, n'entreront pas tous dans le royaume des cieux, mais celui-là seul qui fait la volonté de mon Père qui est dans les cieux. Plusieurs me diront en ce

jour-là : Seigneur, Seigneur, n'avons-nous pas prophétisé par ton nom ? N'avons-nous pas chassé des démons par ton nom ? Et n'avons-nous pas fait beaucoup de miracles par ton nom ? Alors je leur dirai ouvertement : Je ne vous ai jamais connus, retirez-vous de moi, vous qui commettez l'iniquité. C'est pourquoi, quiconque entend ces paroles que je dis et les met en pratique, sera semblable à un homme prudent qui a bâti sa maison sur le roc. La pluie est tombée, les torrents sont venus, les vents ont soufflé et se sont jetés contre cette maison : elle n'est point tombée, parce qu'elle était fondée sur le roc. Mais quiconque entend ces paroles que je dis, et ne les met pas en pratique, sera semblable à un homme insensé qui a bâti sa maison sur le sable. La pluie est tombée, les torrents sont venus, les vents ont soufflé et ont battu cette maison : elle est tombée, et sa ruine a été grande. »

Il nous arrive de crier « Seigneur, Seigneur », pour l'évoquer, pour le prier, pour demander son secours, ou pour l'interpeller autrement. Nous le chantons souvent dans nos liturgies : « Seigneur, Seigneur. » En le chantant ainsi, nous évoquons évidemment sa grandeur et sa bonté, nous le magnifions et le louons. Mais voilà que Jésus nous met en garde. Il dit que le fait de dire « Seigneur, Seigneur » ne suffit pas pour entrer dans le Royaume. Ce qui importe pour le Seigneur c'est de faire sa volonté. Les actes comptent plus que les paroles pour le Seigneur. Écouter les paroles de Dieu et tenter de les appliquer dans la vie, c'est cela qui prime.

Écouter la parole est une chose, mais l'entendre c'est-à-dire ajouter à cela l'acte qui correspond à ce qu'on a entendu en est une autre. Et celle-ci est mieux que la première. Pour se faire comprendre, le Seigneur compare les deux écoutes à deux constructions, une sur le roc et l'autre sur du sable. La parole de Dieu est destinée à s'incarner dans la vie et à devenir une parole agissante. Le Seigneur demande des signes concrets et des preuves d'amour envers nos semblables. Saint Paul dit que « Ce qui demeure aujourd'hui, c'est la foi, l'espérance et l'amour ; mais la plus grande des trois, c'est l'amour. » (1Co 13,13). Voyons ce qu'il en est.

CHAP. I : L'AMOUR (Vie) / LA LOI (Sabbat)

Le chemin que Jésus vient indiquer à l'humanité est celui de l'amour. L'amour est au centre de la prédication de Jésus. Toute sa vie durant, il ne parle que de l'amour. Il utilise ce verbe « aimer » qui ne porte plus actuellement toute sa teneur, et qui est aujourd'hui usé, faussé, sali et malmené par nos contemporains. Quand saint Jean identifie Jésus à l'amour même, il lui donne toute son importance. Parler de Dieu ne signifie pas écraser l'homme, tellement Dieu est amoureux de l'homme. Il veut démasquer toute violence et tout égoïsme. Jésus demande à ses disciples de demeurer dans son amour. Il va lui-même donner l'exemple d'un amour vrai et authentique, d'un amour qui va jusqu'à donner sa vie, et de la donner sur une croix. Cet amour total donne sens à notre vie.

Dieu aime tous les hommes. Il ne fait pas de différence entre les hommes. Son amour n'a ni frontières, ni préjugés. Notre religion devait se fonder là-dessus : apporter à l'humanité un amour sans limite et sans mesure. Toute la vérité de l'amour de Jésus est présente dans ces réalités exprimées à travers ces mots pleins de sens théologique : demeurer, joie, vie, porter du fruit, serviteurs etc.

Suivre un maître ne signifie pas seulement adhérer à une doctrine, il s'agit surtout d'obéir à un ensemble de lois. Dans le cas de Jésus, il ne s'agit pas, quand on parle d'obéissance, d'entrer dans une espèce d'un code de morale, il s'agit plutôt d'observer librement le commandement d'amour. Il s'agit donc d'aimer : d'aimer Jésus et son Père, de s'aimer soi-même et d'aimer son prochain comme soi-même. L'amour suppose une grande conversion. On comprend que la relation à Jésus et à son Père est indissociable de la relation aux frères. L'amour c'est la considération de l'autre pour ce qu'il est et pour ce qu'il fait.
Pour le Christ, l'amour de Dieu ne peut pas aller sans l'amour de l'homme, et vice versa. Toute la loi, selon lui, s'accomplit dans l'amour. Dans la personne même de Jésus, l'amour de Dieu et du prochain trouve toute sa consistance. Un amour vrai entre les hommes les amène à l'unité. Mais l'unité ne signifie pas la suppression de la différence. L'unité se construit en prenant en compte les spécificités entre les hommes.

I.1. L'amour sur le modèle trinitaire

L'exemple parfait d'un amour communautaire ne peut être pris que dans la Sainte Trinité. L'amour dont le Père aime le Fils, et que tous les deux ont pour le Saint Esprit est d'une intensité complète. Il existe entre eux trois une unité parfaite et indestructible. L'amour circule entre eux. Il s'offre et se reçoit. Le père se donne par le Fils qui se livre et se donne par l'Esprit. Il y a un mouvement de circularité entre eux de sorte que l'un existe dans l'au-

tre. La Trinité est l'image même de l'amour dont nous sommes aimés, et également de l'amour auquel nous sommes appelés quotidiennement.
L'homme doit tirer l'exemple de son amour de l'union trinitaire qui n'est qu'amour parfait. Car Dieu est lui-même amour. C'est un Dieu « tendresse et pitié, lent à la colère, plein d'amour et de fidélité. » (Ex.34) Jésus nous révèle cette identité trinitaire de Dieu. Saint Paul va spécifier le rôle de chacun de ces trois composants de la Trinité en parlant de « la grâce de Jésus notre Seigneur, de l'amour de Dieu le Père et de la communion de l'Esprit-Saint. » Jésus est la preuve de l'amour de Dieu pour les hommes, et l'Esprit est celui qui rend présents les dons de Dieu, ceux qui nous font accéder à cet amour de Dieu.

Aimer Jésus c'est aimer sa parole et celui qui l'a envoyé le Père, par l'Esprit : Jn 14,23-29

« À l'heure où Jésus passait de ce monde à son Père, il disait à ses disciples : "Si quelqu'un m'aime, il restera fidèle à ma parole ; mon Père l'aimera, nous viendrons chez lui, nous irons demeurer auprès de lui. Celui qui ne m'aime pas ne restera pas fidèle à mes paroles. Or, la parole que vous entendez n'est pas de moi : elle est du Père, qui m'a envoyé. Je vous dis tout cela pendant que je demeure encore avec vous ; mais le Défenseur, l'Esprit Saint que le Père enverra en mon nom, lui, vous enseignera tout, et il vous fera souvenir de tout ce que je vous ai dit. C'est la paix que je vous laisse, c'est ma paix que je vous donne ; ce n'est pas à la manière du monde que je vous la donne. Ne soyez donc pas bouleversés et effrayés. Vous avez entendu ce que je vous ai dit : Je m'en vais, et je reviens vers

vous. Si vous m'aimiez, vous seriez dans la joie puisque je pars vers le Père, car le Père est plus grand que moi. Je vous ai dit toutes ces choses maintenant, avant qu'elles n'arrivent ; ainsi, lorsqu'elles arriveront, vous croirez." »
Jésus prévient ses disciples. Il leur dit qu'il serait plus avantageux pour eux qu'il s'en aille plutôt que d'être là avec eux sous cette présence physique. Il faut que le Christ parte vers son Père pour que l'Esprit Saint vienne sur les apôtres et sur l'Église. Jésus rejoint son Père dans la gloire. Son départ nous ouvre un espace nouveau, qui est celui d'un approfondissement de ses paroles et de leur application à toutes les nouvelles situations que nous connaissons. L'Esprit a un rôle double : c'est d'abord nous ouvrir à la compréhension de l'Écriture, mais aussi nous conduire vers l'amour vrai enseigné par le Seigneur. Pour le premier rôle, Jésus nous certifie que l'Esprit nous apprendra tout et nous mènera vers la vérité tout entière. Pour le deuxième, il est clair que l'Esprit inspire par ses dons des actes dignes de ceux qui ont écouté Jésus, et il se définit comme un défenseur de ceux qui comptent sur le Seigneur.
L'homme est invité d'entrer dans une relation amoureuse sur le modèle trinitaire. Il est appelé à aimer en suivant les trois axes relationnels qui l'entourent : Dieu, l'autre ou le prochain, et soi-même.
Jésus nous appelle à aimer comme le Père lui-même nous a aimés. Il trace tout un programme pour nous. Si nous choisissons de nous mettre à sa suite nous ne pouvons pas faire l'économie d'ignorer le commandement de l'amour. Le mot Trinité ne se trouve nulle part dans la Bible. Il a été utilisé pour la première fois au IIIème siècle parce qu'il fallait trouver des mots justes pour évoquer Dieu

par rapport à l'Amour si grand qu'il portait en lui et qu'il exprimait par le biais de la relation solidaire, d'abord en lui-même et autour de lui.
Dieu est amour. Dieu vit cet amour en son propre intérieur. L'amour est un sentiment d'ouverture vers l'autre, vers autrui. Le Dieu trinitaire qui est amour parfait aime l'Église. Il n'y a pas de séparation entre Dieu et l'Église, malgré le fait qu'ils constituent deux réalités totalement différentes. Il y a plutôt un mariage intime entre eux. C'est dans l'Église que se déploie l'amour de toute la trinité.

I.2. L'amour avant la loi : la nouvelle religion du Christ

Jésus enfreint aux règles de pureté qui obligent à se garder de tout contact avec des pécheurs. Ce qui crée un malentendu entre lui et les publicains. Jésus ne s'empêche pas d'aller affronter cette catégorie des gens infréquentables que sont les publicains. Il va à leur rencontre sans cautionner ce qu'ils font. Il partage leur table, même s'il n'accepte pas qu'ils soient voleurs. Cela ne signifie en rien que Jésus est laxiste. Il veut simplement les aider à réfléchir.
Jésus n'a jamais dit que la loi n'est pas importante pour l'organisation de la société et de la vie ensemble. Mais, selon lui, elle ne doit pas étouffer le message d'amour du Père. Pour bien se faire comprendre, Jésus cite le prophète Osée : « C'est la miséricorde que je veux et non les sacrifices. » (Os 6,6) Il ne faut pas une loi qui condamne, mais une espérance qui relève et un amour qui fait vivre. La loi est l'obsession des pharisiens. Ne s'agit-il pas tant

d'être dans la loi ou d'être hors la loi que de vivre. C'est l'amour que je veux et non les sacrifices. Jésus vient changer la manière de vivre la religion en Israël. Les sacrifices qui sont devenus un exercice d'apparat tels qu'ils sont vécus par les pharisiens de son temps, doivent laisser la place à une religion du cœur, une religion de la vérité, celle qui se vit dans l'authenticité de son être. Le paraître doit céder la place à l'être. Les vrais adorateurs du Père n'iront plus sur le mont Garizim ou à Jérusalem pour l'adorer. Ils l'adoreront dans leur cœur et dans la vérité. (Cf. Jn 4,21.23)
Jésus Christ est Souffle de Dieu qui a fait irruption dans notre monde pour balayer haine et misère. Il veut un monde nouveau qui brille de son amour. Avec Jésus, Dieu se donne la peine de venir sauver son peuple parce qu'il l'aime.

C'est la miséricorde (l'amour) que je veux et non les sacrifices : Mt 9,10-13

« *Comme Jésus était à table à la maison, voici que beaucoup de publicains et de pécheurs vinrent prendre place avec lui et ses disciples. Voyant cela, les pharisiens disaient aux disciples : "Pourquoi votre maître mange-t-il avec les publicains et les pécheurs ? " Jésus, qui avait entendu, déclara : "Ce ne sont pas les gens bien portants qui ont besoin du médecin, mais les malades. Allez apprendre ce que veut dire cette parole : C'est la miséricorde que je désire, et non les sacrifices. Car je suis venu appeler non pas les justes, mais les pécheurs."* »
Dieu veut nous désencombrer de tout ce qui nous empêche de nous approcher de Jésus : parmi les choses

qui entravent notre relation à Jésus, il y a un certain légalisme, ou une tendance au marchandage.

En citant ici le prophète Osée 6,6, Jésus vient fonder une religion du cœur et nous conduire vers un culte intérieur et désintéressé. Il vient nous dire que les cultes extérieurs étaient sans valeur s'ils se faisaient sans amour et s'ils n'étaient pas reliés à un engagement réel envers Dieu et envers le prochain.

Il faut d'abord regarder la personne humaine qui est devant soi. La loi est faite pour l'homme et non l'homme pour la loi. Il faut regarder la vie qu'il faut sauver avant l'application de nos lois trop humaines. Jean, 8,1-11 nous relate l'histoire d'une femme que le poids du péché et le jugement des hommes voudraient écraser. Souvent ce texte est lu à côté d'un autre texte de l'Ancien Testament, celui qui parle de l'exil dans lequel se trouve le peuple de Dieu, loin de sa Terre (Is 43,16-21). En effet, le peuple hébreu vaincu par le Roi Nabuchodonosor a connu l'exil à Babylone pendant près de 50 ans. Il n'a pas oublié son Dieu, il crie vers lui en lui demandant de lui venir en aide. Dieu entend leur prière et leur donne la terre de leur liberté.

Cela ressemble à la situation de la femme qu'on amène à Jésus. Elle est, elle aussi, vaincue par un ennemi sournois, donc par son péché et par son infidélité à l'amour, mais aussi par la considération peu humaine des hommes. Mais c'est son Dieu qui la sauve. Elle passe par la haine et le remord, mais Dieu va lui offrir une terre promise. Il lui dit : « Va et désormais ne pèche plus. »

Ce geste de Jésus ne signifie en rien un quelconque rejet de la loi. Il dénonce simplement l'idolâtrie de la Loi. Cela

est, selon Jésus, un véritable adultère contre la véritable morale, celle de la miséricorde, celle à laquelle nous invite notre Dieu, Dieu de miséricorde.
Le Seigneur Jésus éprouve des sentiments de pitié envers la foule qui s'amasse autour de lui. Ils sont comme des brebis sans berger. Il les regarde, et voit leur faim. Il est le berger envoyé par le Père pour rassembler son peuple, son troupeau avec amour.
Jésus est un berger qui n'est pas comme nos bergers humains, souvent avides de pouvoir et de gloire, toujours intéressés par la richesse et l'argent. Le seul bon berger c'est Jésus notre Seigneur. C'est ainsi que Paul le qualifie dans son épitre aux Éphésiens comme notre paix. Il est celui qui par sa résurrection apporte à nos vies sa joie. Jésus nous nourrit de son Évangile pour que nous puissions donner sens à notre vie. Il nous envoie vers nos frères pour vivre de l'amour dont il nous a aimés le premier.
L'amour est le commandement que le Seigneur nous laisse. C'est son testament. La nuit qui précède son arrestation, Jésus s'entretient avec ses disciples et leur dit : « Celui qui m'aime restera fidèle à ma parole. » L'amour ne rime pas avec trahison, mais plutôt avec fidélité. Jésus s'enfonce dans sa mort, mais ouvre une brèche pour l'avenir de ses disciples : c'est de rester fidèle à sa parole et de pratiquer l'amour qu'il a enseigné toute la vie durant. Mais tout cela ne peut pas être facile à vivre. Il leur faut une force d'en haut. Dieu connaît la faiblesse de l'humain. Il faut un soutien du Ciel. Il leur avait déjà dit que la foi qu'ils confessaient venait de leur Père.
Donc pour que les disciples continuent ce qu'il a commencé, Jésus leur promet l'Esprit Saint : « cet Esprit vous

enseignera tout et il vous fera souvenir de tout ce que je vous ai dit. » Il fait ses adieux tout en ouvrant un chemin pour l'avenir de ses disciples : ils le suivront par l'écoute de la Parole et la fidélité créatrice à son message.

I.3. L'amour est le premier commandement

Quel est le plus grand des commandements ? La question qui se pose est celle de savoir comment aimer Dieu concrètement. Est-ce en pratiquant la loi à la lettre ou en présentant les sacrifices en offrande ?
L'amour n'est pas l'exercice pur et simple d'une morale imposée. Jésus donne à l'amour une autre orientation. Jésus nous apprend qu'aimer Dieu c'est être disciple. C'est cela qui manque aux païens et aux scribes. Il s'agit de s'approcher un peu plus du Seigneur. On pourrait opposer l'amour de Dieu à la tradition de l'homme. Mais on n'oppose pas la pratique de l'amour à la parole de Dieu. Elle ne peut qu'être sa conséquence.
Le docteur de la loi pose la question à Jésus, mais avec l'intention de le mettre à l'épreuve. Et Jésus lui répond en se référant à la Loi. Le plus grand commandement c'est l'amour, lui répond Jésus. Jésus rapproche l'amour de Dieu et l'amour du prochain. Il donne une nouvelle compréhension de la Loi. Il montre comment ces deux commandements sont indissociables. Il est urgent de les mettre en œuvre.

Le plus grand commandement est l'amour : Mc 12,28-34

« Un Scribe qui les avait entendus discuter, vit que Jésus avait bien répondu aux sadducéens. Il s'approcha et lui demanda : "Quel est le premier de tous les commandements ?" Jésus répondit : "Voici le premier : Écoute, Israël, le Seigneur, notre Dieu, est l'unique Seigneur et tu aimeras le Seigneur, ton Dieu, de tout ton cœur, de toute ton âme, de toute ta pensée et de toute ta force. Voici le deuxième : Tu aimeras ton prochain comme toi-même. Il n'y a pas d'autre commandement plus grand que ceux-là." Le spécialiste de la loi lui dit : "Bien, maître. Tu as dit avec vérité que Dieu est unique, qu'il n'y en a pas d'autre que lui et que l'aimer de tout son cœur, de toute son intelligence, [de toute son âme] et de toute sa force, et aimer son prochain comme soi-même, c'est plus que tous les holocaustes et tous les sacrifices." Voyant qu'il avait répondu avec intelligence, Jésus lui dit : "Tu n'es pas loin du royaume de Dieu." Personne n'osa plus lui poser de questions. »

Un scribe vient poser une question à Jésus pour lui tendre un piège. Mais la réponse de Jésus avait convaincu les gens au point où personne n'osait plus l'interroger. Jésus a répondu en rappelant le commandement de l'amour dans sa triple application : aimer les hommes et les femmes que nous rencontrons dans notre vie, aimer Dieu par le fait même, et s'aimer soi-même. Tout cela ne forme qu'un seul amour. On ne peut pas dissocier l'amour qui nous attire vers Dieu, celui qui nous lie au prochain et celui qui engendre l'estime de soi.

Il faut abord s'aimer soi-même. Cela évite d'avoir du mépris de soi. On peut apprécier en soi ce que Dieu y a mis de beau, de noble. Ce qui ne veut pas dire qu'il faut aller jusqu'à l'orgueil de ce que l'on porte comme qualités et performances. Non, ces dernières doivent nous faire savoir qu'il y a un plus grand que nous qui a posé tout cela pour sa gloire et pour l'amour de nous-même et des autres. Ce qui invite à vivre l'amour dans l'humilité. C'est l'unique condition pour que notre amour soit vrai et authentique.

Puis, il faut aimer Dieu et aimer le prochain. Jésus met les deux amours ensemble afin qu'ils ne forment qu'un seul amour. Il y a l'amour de Dieu dont les pharisiens n'ont aucun doute (Dt 6,5), et l'amour du prochain comme soi-même qui lui est semblable (Lv 19,18). Aimer Dieu ne peut pas aller sans l'amour du prochain. Saint Augustin n'avait-il pas raison de dire : « L'amour de Dieu est premier dans l'ordre du précepte, mais l'amour du prochain est premier dans l'ordre d'exécution (...). Puisque tu ne vois pas encore Dieu, c'est en aimant le prochain que tu purifies ton œil pour voir Dieu. » (Cf. Saint Augustin, In *Johannis Evangelium Tractatus*, 17, 8. Trad. A. M. La Bonnardière. Cité par Henri Marrou, *Saint Augustin et l'augustinisme*, Paris, Seuil, 1962, p. 119-120.)

L'amour de Dieu et l'amour du prochain ne font plus qu'un seul amour. Le lien entre le commandement d'amour de Dieu et le commandement d'amour envers le prochain est inextricable. L'un ne peut pas aller sans l'autre. L'un appelle toujours l'autre au point où dire que l'on n'aime que Dieu sans aimer l'homme pourrait paraître comme un mensonge. Clément D'Alexandrie n'a-t-il pas eu raison de dire : « Tu as vu ton frère, tu as vu ton Dieu », et Jésus lui-même n'avait-il pas déclaré : « ce que vous avez fait à l'un de ces plus petits que sont mes frères, c'est à moi que vous l'avez fait. » L'homme et Dieu ne peuvent pas être dissociables. On ne les sépare pas. Il existe donc une nécessaire tension créatrice entre aimer Dieu et aimer notre prochain. Ce qui signifie qu'aimer c'est reconnaître Dieu dans nos frères. Là où Dieu est menacé dans l'homme, et partout où l'homme est défiguré comme image de Dieu, il y a une occasion pour aimer.

Comment aimer Dieu qu'on ne voit pas ? se demandent les disciples de Jésus. Aimer son prochain que l'on voit est la façon la plus correcte d'aimer Dieu qu'on ne voit pas. « Celui qui n'aime pas son frère qu'il voit, ne saurait aimer le Dieu qu'il ne voit pas (...). Que celui qui aime Dieu aime aussi son frère. » (1Jn 4,20-21) En aimant les pauvres et les petits, que nous rencontrons nous aurons aimé Jésus, vrai Dieu et vrai homme. Il est un Dieu qui a choisi de s'identifier aux plus démunis.

C'est étrange qu'il nous soit commandé d'aimer. Aimer ne devrait pas se commander. Il devrait être un sentiment naturel et spontané, exprimé d'une manière libre. En fait, cela se traduit bien sous forme d'une loi, mais en réalité il est question d'un rappel vital. L'être humain est fait pour donner et pour recevoir de l'amour. Il est créé pour l'amour.

AIMEZ-VOUS : JÉSUS UTILISE L'IMPÉRATIF

Il s'agit donc d'un commandement nouveau que Jésus propose au monde. L'amour du prochain est le signe d'un royaume qui prospère et grandit. L'Église est une communauté des gens qui s'aiment. Faire Église c'est se reconnaître en communion les uns avec les autres.

Jésus nous recommande de l'imiter : « comme je vous ai

aimés, vous aussi, aimez-vous les uns les autres. » C'est un impératif évangélique et missionnaire car c'est par l'amour que nous aurons les uns les autres qu'on verra que nous sommes des disciples du Seigneur. Cela ne peut se concrétiser que par des gestes de fraternité et d'amitié entre les hommes au sein de la communauté ecclésiale. L'humanité véritable se trouve là où on aime vraiment. La communauté de l'Église, elle, existe là où l'amour se vit sans mesure. Les disciples du Christ s'aiment et vivent en communion les uns avec les autres. C'est en étant des bâtisseurs de la paix entre nous que l'on nous reconnaîtra comme disciples du Christ.

Aimez-vous les uns les autres : Jn 13,31.33.34-35

« Au cours du dernier repas que Jésus prenait avec ses disciples, quand Judas fut sorti, il déclara : "Maintenant le Fils de l'homme est glorifié, et Dieu est glorifié en lui. Si Dieu est glorifié en lui, Dieu en retour lui donnera sa propre gloire ; et il la lui donnera bientôt. Mes petits-enfants, je suis encore avec vous, mais pour peu de temps. Je vous le dis maintenant à vous aussi. Je vous donne un commandement nouveau : c'est de vous aimer les uns les autres. Comme je vous ai aimés, vous aussi aimez-vous les uns les autres. Ce qui montrera à tous les hommes que vous êtes mes disciples, c'est l'amour que vous aurez les uns pour les autres." »

Pâque apporte au monde une lumière nouvelle et entretient le feu de l'espérance dans les cœurs. Elle modèle nos nouveaux visages de ressuscités et nous incite à aller

proclamer le Christ ressuscité de par le monde. Cette proclamation de Jésus ne peut se faire que dans la joie, en vivant dans l'amour.
Le signe de l'amour est le signe du ressuscité. Jésus pouvait empêcher Juda d'aller le trahir parce qu'il le savait. Il le laisse aller. C'est tout le mystère de la liberté humaine. Pour entrer dans la gloire de son Père, il fallait pour Jésus de quitter ses disciples. En les quittant, il leur promet l'Esprit-saint, et leur donne, en même temps, une mission, celle de témoigner de la gloire de son Père en vivant dans et de l'amour. Les disciples du Christ se reconnaissent par un signe : « Ce qui montrera à tous les hommes que vous êtes mes disciples, c'est l'amour que vous aurez les uns pour les autres. » Voilà un texte qui fait suite à l'épisode du lavement des pieds qui était l'occasion pour Dieu d'inviter ses disciples à l'amour et au service. En lavant leurs pieds, Jésus leur demande de faire de même, d'imiter son exemple.
À la prière sacerdotale, Jésus n'affirme-t-il pas que : « Je leur ai donné la gloire que tu m'as donnée pour qu'ils soient un comme nous sommes un, moi en eux et toi en moi. » (Jn 17,22-23). Vivre dans la gloire de Dieu par l'amour les uns pour les autres, telle est la mission du disciple du Christ.

L'AMOUR DU PROCHAIN C'EST APPORTER DU CONCRET À CEUX QUI EN ONT BESOIN DEVANT NOUS

La seule loi qui prime pour le Seigneur est celle de l'amour. Un disciple du Seigneur est un être qui reçoit l'amour et qui sait aimer, comme le Seigneur lui-même en a donné l'exemple. Jésus a aimé jusqu'au bout, jusqu'au sacrifice de la croix. Jésus demande d'aimer son prochain, pour que l'amour de Dieu puisse avoir du sens. Il s'agit d'aimer comme le Christ lui-même nous a aimés. Aimer comme le Christ signifie simplement que chacun devait se laisser déposséder, et devrait apprendre à donner de soi, de son temps, et de sa vie. Ce n'est qu'à cette condition-là que nous serons des vrais disciples du Christ. « Ce qui montrera que vous êtes mes disciples, c'est l'amour que vous aurez les uns pour les autres. » Le Christ nous apprend à aimer. L'amour de Jésus se propose et s'expose, mais ne s'impose pas.

Qui est mon prochain ? La question semble légitime et pertinente, mais la réponse de Jésus est déroutante. Il commence par inverser la question elle-même : lequel de ces trois a été le prochain de l'homme qui est tombé sous les coups des bandits ? Il appartient à celui qui lui a posé la première question de répondre : c'est évidemment selon la logique du texte le samaritain qui est le prochain de cet homme.

Qui est mon prochain ? Le prochain est celui qui a besoin de notre soutien. Lorsque Dieu nous donne la force, et il nous la donne toujours, nous pouvons porter les événements de la vie et agir en faveur de notre prochain, comme ce Samaritain dans ce texte :

Qui est mon prochain : Lc 10,25-37

« *Pour mettre Jésus à l'épreuve, un docteur de la Loi lui posa cette question : "Maître, que dois-je faire pour avoir part à la vie éternelle ? " Jésus lui demanda : "Dans la Loi, qu'y a-t-il d'écrit ? Que lis-tu ? " L'autre répondit : "Tu aimeras le Seigneur ton Dieu de tout ton cœur, de toute ton âme, de toute ta force et de tout ton esprit, et ton prochain comme toi-même." Jésus lui dit : "Tu as bien répondu. Fais ainsi et tu auras la vie." Mais lui, voulant montrer qu'il était un homme juste, dit à Jésus : "Et qui donc est mon prochain ?" Jésus reprit : "Un homme descendait de Jérusalem à Jéricho, et il tomba sur des bandits ; ceux-ci, après l'avoir dépouillé, roué de coups, s'en allèrent en le laissant à moitié mort. Par hasard, un prêtre descendait par ce chemin ; il le vit et passa de l'autre côté. De même un lévite arriva à cet endroit ; il le vit et passa de l'autre côté. Mais un Samaritain, qui était en voyage, arriva près de lui ; il le vit et fut saisi de pitié. Il s'approcha, pansa ses plaies en y versant de l'huile et du vin ; puis il le chargea sur sa propre monture, le conduisit dans une auberge et prit soin de lui. Le lendemain, il sortit deux pièces d'argent, et les donna à l'aubergiste, en lui disant : "Prends soin de lui ; tout ce que tu auras dépensé en plus, je te le rendrai quand je repasserai." Lequel des trois, à ton avis, a été le prochain de l'homme qui était tombé entre les mains des bandits ? " Le docteur de la Loi répond : "Celui qui a fait preuve de bonté envers lui." Jésus lui dit : "Va, et toi aussi, fais de même." »*

La question du docteur de la loi attend une réponse de Jésus qui correspondrait à un code de la route de l'existence humaine. C'aurait été plus simple si la religion chrétienne n'avait que des préceptes moraux à suivre et à respecter scrupuleusement. On jugerait alors les gens à partir de leur manière de suivre tout cela. Mais ce n'est pas aussi simple que cela. Notre religion chrétienne exige des décisions et des choix de notre part. Elle fait appel à notre liberté et ne veut pas que nous vivions notre foi par procuration. La question principale qui est posée par Dieu est celle-ci : « comment être ? », il ne demande pas d'abord : « comment faire ? »

Ce récit de Saint Luc tourne autour d'un verbe central qui est le « faire » : Que dois-je faire ? » demande le docteur de la loi. Jésus lui répond en lui indiquant ce qu'il doit faire : « Fais ceci…fais de même…fais en vue d'hériter de la vie éternelle. » Mais le Seigneur lui montre en même temps que le commandement de l'amour devait orienter son « faire », son action.

La personne qui interroge Jésus connaît la Sainte Écriture. Il tente d'en vivre dans son quotidien. Mais il a un problème : il lui manque l'essentiel. Il a compris la loi de Dieu d'une manière superficielle. Il n'arrive pas à poser des actes en cohérence avec sa foi.

Jésus voit le piège et répond en évoquant une parabole. Cette manière de répondre permet au docteur de la loi d'aller trouver, dans la vie pratique, cet essentiel qui lui manque. L'histoire concerne un monsieur qui descendait à Jéricho et qui était frappé par des bandits. Tous les hauts placés, qui étaient supposés connaître la loi, passent à côté, tandis que le Samaritain, lui, dépasse les barrières de la loi et prend soin de cet homme blessé. Jésus demande enfin au docteur de la loi : « va et toi aussi fais de même. »

Le Samaritain pose un regard de pitié sur lui comme Jésus avait l'habitude de le faire quand il croisait la foule abandonnée et sans berger. Il n'abandonne pas cet homme à un avenir incertain ou à une mort assurée. Il se charge de lui. Le samaritain est la figure du Christ lui-même. Il est celui qui a pitié et qui s'approche du genre humain pour le sauver. L'amour du prochain, l'amour donné à autrui est ainsi médiatisé par la présence de Jésus le Christ.

Jésus est le prochain qui a saisi l'homme (et toute l'humanité), qui l'a soigné, chargé sur sa monture, conduit à l'auberge du Royaume, et qui l'a confié à l'aubergiste. Sa compassion émeut tout celui qui a un cœur humain. Le cœur humain que Dieu a créé, et nous a donné, devait avoir le dessus sur tout ce qui est créé par l'homme, donc la loi. Un prêtre et un Lévite qui se veulent proches de la Loi, n'osent pas s'approcher. Ils ne se rendent pas proches de cet homme. Ils s'éloignent par ce geste de Dieu, en allant loin de cet homme créé à l'image de Dieu. Ils pensent être fidèles à la Loi, mais ils s'éloignent de la Loi. Le Samaritain considéré comme celui qui est éloigné de ce que représentent la ville de Jérusalem et le Temple, lui s'approche de l'homme blessé afin de lui apporter la vie. Il devient par ce geste la figure même de Jésus.
Après le passage du Lévite et du prêtre, le Samaritain est celui qui accomplit un acte plein de signification, il se laisse toucher par l'homme blessé qu'il trouve sur son chemin. Il s'arrête et se fait proche de ce blessé en versant le doux onguent de sa charité traduite en gestes concrets. Ce qui impressionne dans cette belle histoire est que ce Samaritain s'est arrêté. Il s'arrête et ralentit son voyage pour une attention à cet autre. Il a en lui une force mobilisatrice qui éclaire son approche par rapport à une humanité partagée. Le Samaritain vit en lui le commandement d'amour. Il prolonge le don du Christ qui le premier s'est offert lui-même, humblement et pauvrement. Ce geste du Samaritain redéfinit l'amour. L'amour devient simplement la disponibilité de chaque instant qui nous fait voir celui que nous n'aurions pas vu, et libérer l'énergie créatrice qui lui permet de vivre encore. Jésus

change le sens de la question en donnant sa réponse. Il explique qu'aimer son prochain consiste à se faire soi-même le prochain des blessés de la vie.
Ce texte est une invitation à aller plus loin dans le faire : faire le service des frères, faire le service surtout des plus faibles, des plus démunis, des plus fragiles et de ceux dont la vie est en danger. Si on n'aide pas son frère dans le malheur, on ne peut pas prétendre aimer Dieu.
Jésus montre à ce docteur de la loi et à ses disciples qu'aimer ce n'est pas simplement rendre service, c'est également et surtout se rendre soi-même disponible pour autrui. Celui qui choisit d'aimer renonce à beaucoup d'autres choses : la malhonnêteté, la vantardise, la recherche de soi, l'emportement, la rancune ou la joie malsaine. L'amour vrai se dit dans ces gestes de tous les jours qui changent tout lorsqu'ils rejoignent la fragilité de nos frères, les humains.
L'amour s'ouvre plutôt à ce qui est vrai. Il n'accepte pas de demi-mesure. La mesure de l'amour est d'aimer sans mesure : « il supporte tout, il fait confiance en tout, il espère tout, il endure tout. »
Ajoutons avant de conclure cette explication, une interprétation de cette parabole de l'homme qui descendait à Jéricho donnée par Lambrechet, un Père jésuite.
L'explication se déroule alors comme suit :
Le *voyageur,* c'est Adam et toute la race humaine. *Jérusalem* symbolise le paradis, la Jérusalem d'en -haut, la cité céleste de la paix. De ce lieu de sainteté, Adam descend vers *Jéricho,* vers le monde. Ce nom se rattache au terme hébreu qui désigne la lune : celle-ci croît et décroît, évoquant la condition mortelle.

Les *brigands*, ce sont les démons. Ils dépouillent Adam de ses vertus et de son immortalité. Celui-ci reste à *moitié mort*, c'est-à-dire vivant dans la mesure où l'homme peut connaître Dieu, mort dans la mesure où il vit sous l'empire du péché ; il n'est donc pas totalement corrompu ; parfois aussi on dit : l'âme est morte, seul le corps est vivant. Le *prêtre*, c'est la loi ; le *lévite* représente la loi ou les prophètes ; ou bien l'un et l'autre incarnent le culte de l'Ancien Testament.
Le *Samaritain* est le Christ. *L'huile et* le *vin sont* respectivement la parole de consolation et la parole d'avertissement. La *monture* est le corps du Christ, qui porte nos péchés sur la croix. *Être chargé* sur cette monture, c'est croire à l'Incarnation.
L'auberge est l'Église, et *l'aubergiste* désigne les apôtres, Pierre ou Paul, ou leurs successeurs. Le *lendemain* est le jour de la résurrection ou le temps qui suivit celle-ci.
Les *deux pièces d'argent* sont interprétées de diverses façons : les deux Testaments, le double commandement de l'amour de Dieu et du prochain, la promesse de ce que l'on reçoit maintenant et de ce qui sera donné dans l'avenir (Ml ; *19*,29) ; la prédication de la loi et de l'Évangile ; les quatre évangiles ; la connaissance du Père et du Fils.
Le *retour* du Samaritain, c'est la nouvelle venue du Christ. Ce qui est *dépensé en plus* est rapproché des paroles de Paul conseillant le célibat ou affirmant qu'il vit du travail de ses mains.

Cette manière d'expliquer est ancienne. Elle apparaît déjà au IIe siècle, sous forme abrégée, chez Irénée : « le Seigneur a confié à l'Esprit Saint l'homme, son propre

bien, qui était tombé entre les mains des brigands, cet homme dont il a eu compassion et dont il a lui-même bandé les blessures, donnant deux deniers royaux... » *(Adv. Haer.* III, 17, 3 ; trad. Rousseau et Doutreleau).
Presque à la même époque, Clément d'Alexandrie écrivait : « Qui donc est (le bon Samaritain), sinon le Sauveur ? Qui, plus que lui, nous a pris en pitié, nous qui étions presque morts sous les coups des princes de ce monde... c'est lui qui a versé sur nos âmes blessées le vin, c'est-à-dire le sang de la vigne de David, et qui y répand en surabondance l'huile qui vient de la miséricorde du Père » (Qui's dires 29) {*Oude en nieuwe uisies op de gelijkenis van de barmhartige Samaritaan.* dans *Ned. Theol. Tijdschr.* 15 (1960-1961) 12-13).

I.4. La spécificité de Jésus : aller jusqu'à aimer ses ennemis

L'histoire des religions enseigne que toutes les grandes religions de notre humanité, dont les plus grandes viennent du berceau religieux oriental, invitent leurs adhérents à pratiquer l'amour. Mais la spécificité du christianisme, venu du Christ lui-même, est d'élargir cet amour jusqu'aux ennemis.
Lorsque Jésus demande d'aimer les ennemis, il est dans la logique de son Père qui veut que toute l'humanité vive de son amour. Lui-même, Jésus est venu sauver tous les hommes, il veut réconcilier toute l'humanité. Il fait l'expérience d'avoir des ennemis dans la vie. Donc il sait de quoi il parle parce qu'il a semé partout l'amour et n'a pas

récolté que l'amour, il a eu aussi la haine comme réponse à son amour. Sur la Croix, il a dû pardonner à ses bourreaux. Ce qui est, humainement parlant, inimaginable. Mais depuis qu'il l'a fait, cela est possible parce qu'il l'a fait pour nous donner l'exemple et nous exhorter à le faire. Être miséricordieux comme notre Père céleste est miséricordieux, cela nous pousse à nous pardonner et non pas à nous venger. Pour un disciple du Christ, le pardon doit prendre le dessus sur la vengeance.

Aimez vos ennemis et faites du bien à ceux qui vous haïssent : Lc 6,27-38

« *Jésus déclarait à la foule : "Je vous le dis, à vous qui m'écoutez : Aimez vos ennemis, faites du bien à ceux qui vous haïssent. Souhaitez du bien à ceux qui vous maudissent, priez pour ceux qui vous calomnient. À celui qui te frappe sur une joue, présente l'autre. À celui qui te prend ton manteau, laisse prendre aussi ta tunique. Donne à quiconque te demande, et ne réclame pas à celui qui te vole. Ce que vous voulez que les autres fassent pour vous, faites-le aussi pour eux. Si vous aimez ceux qui vous aiment, quelle reconnaissance pouvez-vous attendre ? Même les pécheurs aiment ceux qui les aiment. Si vous faites du bien à ceux qui vous en font, quelle reconnaissance pouvez-vous attendre ? Même les pécheurs en font autant. Si vous prêtez quand vous êtes sûrs qu'on vous rendra, quelle reconnaissance pouvez-vous attendre ? Même les pécheurs prêtent aux pécheurs pour qu'on leur rende l'équivalent. Au contraire, aimez vos ennemis, faites du bien et prêtez sans rien espérer en retour. Alors votre récompense sera grande, et vous serez les fils du Dieu très haut, car il est bon, lui, pour les ingrats et les méchants. Soyez miséricordieux comme votre Père est miséricordieux. Ne jugez pas, et vous ne serez pas jugés ; ne condamnez pas, et vous ne serez pas condamnés. Pardonnez, et vous serez pardonnés. Donnez, et vous recevrez une mesure bien pleine, tassée, secouée, débordante, qui sera versée dans votre tablier ; car la mesure dont vous vous servez pour les autres servira aussi pour vous."* »

Jésus sait pourtant que son appel à aimer les ennemis n'est pas aussi simple. Il nous l'indique tout de même comme chemin de la chance pour l'humanité. C'est la spécificité qu'apporte Jésus parmi les religions orientales : aimer, mais aller jusqu'à aimer ses ennemis. Toutes les religions orientales prêchent l'amour de l'autre, mais dans aucune de ces religions on n'ose demander d'aimer ses ennemis. Au contraire dans la plupart d'entre elles, on enseigne la vengeance en appelant à « œil pour œil, dent pour dent. » Le Christ est le seul à demander que l'amour s'étende jusqu'à ceux qui nous font du mal. Comment cela pourrait-il se faire ? Il faut repérer et arrêter les automatismes de vengeance et de haine. Ce qui demande de vaincre sa peur.

L'enseignement de Jésus ici pourrait paraître comme une morale des faibles. Ceux qui doivent céder à tout. Aimer nos ennemis et faire du bien à ceux qui nous haïssent, ou prier pour ceux qui nous persécutent signifie simplement s'unir au Christ pascal. Il s'agit de savoir mourir avec lui pour ressusciter avec lui, pour renaître avec lui à la liberté des enfants de Dieu. Jésus nous invite à renoncer aux sentiments de vengeance et de colère. Lorsqu'il dit de prendre la croix pour le suivre, en fait

c'est de cela qu'il s'agit. Il est question de s'engager dans un combat spirituel pour dépasser nos sentiments souvent trop humains.
Jésus lui-même nous en donne l'exemple : lorsqu'il donne sa vie en allant dans la souffrance jusqu'à la croix, il pardonne à ses bourreaux. (Luc 23,34) C'est en nous ouvrant à la miséricorde de Dieu et à l'Esprit défenseur que nous pourrons être capables d'un tel niveau de pardon. Jésus, uni à ce même Esprit, est le Serviteur annoncé par Isaïe.
Le prophète Isaïe décrit le serviteur et dit comment il est instruit pour être disciple. Son attitude est un don et une réponse consentie. La Parole qui a ouvert son oreille et à laquelle il ne s'est pas dérobé n'est pas une parole fictive, c'est une parole vécue. Il n'a pas répondu à la violence qu'il subit. Ce n'est pas parce qu'il est lâche ou passif, mais c'est en raison de la confiance en Dieu, son Dieu qui vient à son secours. Il rend ainsi son visage dur comme pierre, et solide comme s'il était ravagé par le mal qu'il a subi.
Il le dit : il n'a pas honte de son impuissance. Et c'est la raison pour laquelle il n'est pas confondu. Jésus est l'image parfaite de ce serviteur. Il est celui qui accomplit cette prophétie. Il est l'humble serviteur qui obéît à son Père et se donne totalement à lui jusqu'à se livrer sur la croix pour l'amour de l'humanité. Il ne laisse pas prendre sa vie. Il la donne lui-même librement.

I.5. L'amour c'est du concret

L'amour vrai passe par les actes. Un chanteur congolais du vingtième siècle n'avait-il pas raison de dire que « l'amour n'existe pas, il n'existe que de preuves d'amour. » !

CELUI QUI AIME NE JUGE PAS TROP VITE

L'Évangile de Jésus notre Seigneur, tout en invitant à une conversion totale du cœur et de l'esprit afin de nous ouvrir à l'amour vrai de Dieu et de notre prochain, nous donne quelques préceptes à observer dans la pratique pour parvenir à une cohésion dans les relations d'amour entre nous. Parmi ces préceptes, il nous demande de ne pas juger. Avant de juger, que l'on se regarde d'abord soi-même pour voir si ce qu'on veut juger ne serait pas moins grave que ce qu'on fait soi-même. Ainsi Jésus utilise-t-il l'image de la poutre et de la paille. (Lc 6,39-45)

La poutre et la paille : Lc 6,39-45

« *Et il leur disait aussi une parabole : "Un aveugle peut-il conduire un aveugle ? Ne tomberont-ils pas tous les deux dans une fosse ? Un disciple n'est pas au-dessus du maître, mais tout disciple bien formé sera comme son maître. Et pourquoi regardes-tu le fétu de paille qui est dans l'œil de ton frère, mais ne t'aperçois-tu pas de la poutre qui est dans ton propre œil ? Comment peux-tu dire à ton frère : Frère, laisse-moi ôter le fétu de paille qui est dans ton œil — toi qui ne vois pas la poutre qui est dans ton œil ? Hypocrite, ôte premièrement la poutre de ton œil et alors tu verras clair pour ôter le fétu de paille qui est dans l'œil de ton frère. Car il n'y a pas de bon arbre qui*

produise de mauvais fruit, ni aussi d'arbre mauvais qui produise de bon fruit. En effet, chaque arbre se reconnaît à son propre fruit. Car on ne récolte pas des figues sur des épines, ni ne cueille du raisin sur une ronce. L'homme bon, du bon trésor de son cœur, produit ce qui est bon, et l'homme mauvais, du mauvais [trésor de son cœur], produit ce qui est mauvais. Car de l'abondance du cœur sa bouche parle." »
Prendre conscience de la poutre qui brouille les yeux de notre âme, c'est comprendre que nous sommes tous pécheurs. La faute de l'autre peut être pardonnable, qu'elle pourrait être aussi ma faute un jour. Il ne s'agit pas de se culpabiliser, mais de porter un regard d'amour et de miséricorde envers l'autre quand il a commis une faute.

CELUI QUI AIME NE CALCULE PAS
Il n'y a pas de plus grand amour que de donner sa vie pour ceux que l'on aime. L'amour de Jésus est celui qui va jusqu'au bout. Il est à l'image et le reflet de l'amour de son Père. Il assume les souffrances de l'humanité en allant mourir sur la croix par amour.

Dieu a donné son Fils au monde sans calcul : Jn 3,16-16

« *Dieu a tant aimé le monde qu'il a donné son Fils unique : ainsi tout homme qui croit en lui ne périra pas, mais il obtiendra la vie éternelle. Car Dieu a envoyé son Fils dans le monde, non pas pour juger le monde, mais pour que, par lui, le monde soit sauvé. Celui qui croit en lui échappe au Jugement, celui qui ne veut pas croire est déjà jugé, parce qu'il n'a pas cru au nom du Fils unique de Dieu.* »

L'amour et l'amitié ne se calculent pas et ne se comparent pas. Ils se vivent par rapport à l'intensité du cœur. Le jeune homme riche n'est pas gratifié pour avoir vendu ses biens. Ce n'est pas cela qui importe, c'est plutôt la qualité de son amour qui compte. L'intelligence est peut-être importante parce qu'elle permet de s'attarder avec le Seigneur au moment où il pose son regard sur nous. Son regard nous pénètre et nous envahit. Il nous change. L'amour pour le Seigneur doit être la mesure de toute chose dans notre vie.

CELUI QUI AIME DONNE UN VERRE D'EAU À CELUI QUI EN A BESOIN

Celui qui n'est pas contre nous est pour nous. Celui qui donne un verre d'eau à celui qui en a besoin lui montre son amour. Ces deux idées qui semblent aller ensemble sont bien exprimées par Jésus lui-même dans ce texte de l'Évangile :

Donner un verre d'eau au nom de Jésus : Mc 9,38-41

« Jean, l'un des Douze, disait à Jésus : "Maître, nous avons vu quelqu'un expulser les démons en ton nom ; nous l'en avons empêché, car il n'est pas de ceux qui nous suivent." Jésus répondit : "Ne l'en empêchez pas, car celui qui fait un miracle en mon nom ne peut pas, aussitôt après, mal parler de moi ; celui qui n'est pas contre nous est pour nous. Et celui qui vous donnera un verre d'eau au nom de votre appartenance au Christ, amen, je vous le dis, il ne restera pas sans récompense." »

Cette parole est entendue aussi chez saint Mathieu quand Jésus dit que « Qui n'est pas avec moi est contre moi, et qui ne rassemble pas disperse. » Mt 12,30. Il y a ici l'exigence de l'unité du groupe. Si on se paie le luxe de la dispersion, on affaiblit l'identité de l'Église. La mission de celle-ci est élargie par saint Marc lorsqu'il écrit cette parole de Jésus : « Celui qui n'est pas contre nous est pour nous ». Les disciples qui suivent leur maître depuis longtemps ne supportent pas que quelqu'un qui n'a pas fait leur chemin puisse accomplir des choses au nom de leur Seigneur avec succès. Pour eux, si cette personne ne fait pas partie du groupe, il n'a pas le droit de faire ce qui leur est réservé.
De quel droit les gens qui ne sont pas avec nous osent-ils chasser les esprits mauvais au nom de notre maître ? Ils pensent lorsqu'ils posent cette question qu'ils sont en train de constituer une caste des privilégiés dont les membres ont un pouvoir qu'ils ne peuvent partager avec aucun autre. C'est un vrai danger lorsqu'on suit un maître. Ce qui n'est pas le cas en suivant Jésus. Ses disciples doivent savoir qu'en constituant ce cercle rapproché de Jésus, cela n'octroie aucun privilège, sinon le devoir d'être au service des autres et de Dieu lui-même. « Être le premier c'est être le dernier de tous, le serviteur de tous », dit Jésus. Lorsqu'on enferme un talent dans une case, on lui coupe les ailes. Il ne peut pas rayonner au bénéfice de la communauté.
Pour le Seigneur, « celui qui n'est pas contre nous est pour nous ». L'usage du « nous » par Jésus englobe le maître et le disciple qui forment déjà une Église.
Jésus demande de le laisser faire. Cette position de Jésus nous met en situation œcuménique et nous ouvre à l'acceptation des autres qui font des choses en son nom,

même s'ils ne font pas partie de notre groupe. Il s'agit d'un « lâcher prise » confessionnel. Si quelqu'un venant d'une autre confession fait des choses extraordinaires au nom de Jésus, pourquoi le critiquer et l'en empêcher. Il faut l'encourager et le soutenir.
La mission ne peut pas s'épanouir dans la privatisation, et surtout pas dans une attitude égoïste. L'Église s'enrichie de l'apport des autres différents. La diversité est une richesse. C'est dans l'échange des dons que l'Église vit et se construit.

I.6. Avec l'amour, tout devient possible

Confesser sa misère revient à reconnaître le cœur sensible à la misère (*miseri-corde*) de Dieu. Lorsqu'on avoue ses fautes, on affirme en même temps la bonté du partenaire qui pardonne. Saint Augustin n'avait-il pas raison de dire que : « Pour louer Dieu, tu t'accuses : en effet sa grandeur est de remettre tes péchés. Cela fait partie de la louange de Dieu quand tu confesses tes péchés. Et pourquoi ? Parce qu'on félicite le médecin d'autant plus qu'on avait désespéré du malade. » Cf. SAINT AUGUSTIN, *Les Confessions*.

Simon, Fils de Jonas, m'aimes-tu ? : Jn 21,1-14

« *Jésus se manifesta encore aux disciples sur le bord du lac de Tibériade, et voici comment. Il y avait là Simon-Pierre, avec Thomas (dont le nom signifie : Jumeau), Nathanaël, de Cana en Galilée, les fils de Zébédée, et deux autres disciples. Simon-*

Pierre leur dit : "Je m'en vais à la pêche. " Ils lui répondent : "Nous allons avec toi." Ils partirent et montèrent dans la barque ; or, ils passèrent la nuit sans rien prendre. Au lever du jour, Jésus était là, sur le rivage, mais les disciples ne savaient pas que c'était Jésus. Il les appelle : "Les enfants, auriez-vous un peu de poisson ?" Ils lui répondent : "Non." Il leur dit : "Jetez le filet à droite de la barque, et vous trouverez." Ils jetèrent donc le filet, et cette fois ils n'arrivaient pas à le ramener tellement il y avait de poisson. Alors, le disciple que Jésus aimait dit à Pierre : "C'est le Seigneur !" Quand Simon-Pierre l'entendit déclarer que c'était le Seigneur, il passa un vêtement, car il n'avait rien sur lui, et il se jeta à l'eau. Les autres disciples arrivent en barque, tirant le filet plein de poissons : la terre n'était qu'à une centaine de mètres. En débarquant sur le rivage, ils voient un feu de braise avec du poisson posé dessus, et du pain. Jésus leur dit : "Apportez donc de ce poisson que vous venez de prendre." Simon-Pierre monta dans la barque et amena jusqu'à terre le filet plein de gros poissons : il y en avait cent cinquante-trois. Et, malgré cette quantité, le filet ne s'était pas déchiré. Jésus dit alors : "Venez déjeuner." Aucun des disciples n'osait lui demander : "Qui es-tu ? " Ils savaient que c'était le Seigneur. Jésus s'approche, prend le pain et le leur donne, ainsi que le poisson. C'était la troisième fois que Jésus ressuscité d'entre les morts se manifestait à ses disciples. »

Ce qui impressionne dans ce texte, c'est l'obéissance de ces pécheurs. Un inconnu leur dit de jeter les filets à droite de la barque, et ils obéissent sans hésitation. C'est lorsque les résultats dépassent leurs attentes qu'ils se rendent compte que c'est le Seigneur. Là où il y a l'obéissance au commandement du Seigneur, là il y a des prodiges. Là aussi le filet de l'Église ne peut pas se déchirer.

À travers ces questions répétées de Jésus, il y a toute une pédagogie qui se profile. Jésus provoque une triple confession d'amour de la part de Pierre. Le but est plus important que les moyens ici. Jésus ne cherche pas plus que cela : il veut que le disciple lui avoue qu'il l'aime. Il le fait trois fois, ce qui signifie totalement.
Le Seigneur est sensible à cette confession d'amour : « Seigneur, tu sais tout : tu sais bien que je t'aime ». Et encore plus que tout. Voilà pourquoi le Seigneur le juge digne d'affronter une nouvelle vocation qui est celle de devenir le berger de ses brebis. L'amour qu'il porte pour le Seigneur l'aidera à porter cette mission difficile jusqu'au bout. Cette profession de foi le change et le transforme. Elle le rend apte. Avec l'amour du Seigneur, tout est possible. Les chemins s'ouvrent pour l'avenir. Ce qui est difficile devient abordable.
Jésus refait le geste de l'eucharistie en leur donnant à manger. Il les associe à sa gloire et les renvoie à la pratique de l'amour.

CHAP. II : LA PAIX : LE CADEAU DE LA RÉSURRECTION

Quelque chose de surprenant auquel on ne tire pas attention à Pâques, ou plus précisément pendant le temps pascal, est le signe de la Paix. A chaque apparition, lorsque Jésus - Lui dont on a dit pendant le temps de la préparation à Noël et pendant le temps de Noël, qu'il était le « prince de la paix », cette belle formule empruntée de l'Isaïe - se montre à ses disciples, il leur dit « La Paix soit avec vous ». Cette rencontre avec Jésus signe la naissance de l'Église. Elle fait l'expérience d'être rejoint par Jésus. Ses membres ne sont pas seuls malgré la peur qui les assaille. Jésus leur apporte ainsi sa paix, celle qui libère de la peur et du désarroi. Le nombre impressionnant de fois qu'il revient sur cette formule dit toute l'importance de la Paix dans ses messages et prouve que cette paix est le grand cadeau que le Seigneur souhaite laisser au monde et à l'humanité après sa disparition physique définitive.

Le Christ en souhaitant la paix à ses apôtres vient les rassurer et leur demander de ne plus céder à la peur et à la désorientation. Ils se sentent orphelins, démunis et sans appui après le départ de celui sur qui ils avaient posé

toutes leurs espérances. Il leur fait don du Saint Esprit afin qu'il les console et leur donne du courage dans la poursuite de leur apostolat ou dans la continuation de son œuvre, de ce qu'il avait déjà commencé.
Les hommes devraient vivre selon les plans de Dieu dans la concorde entre tous. Ils doivent devenir encore plus solidaires, et cesser d'être concurrents, devenir encore plus acteurs de réconciliation et cesser d'être ennemis.
Nous vivons dans un monde où la compétition est érigée en principe de vie. On voudrait être plus ou mieux que l'autre. On court pour dépasser l'autre...pourtant Dieu nous invite à considérer chacun comme égal à nous, et même à nous faire plus petit que l'autre. Il veut que nous travaillions pour un royaume d'amour et de paix. Saint Augustin savait interpeller les fidèles qui se querellaient et allaient s'accuser au tribunal par ces paroles : « Que devient le geste de paix qui a été donné ? Que deviennent le Corps et le Sang du Christ auxquels vous venez de communier ? Avez-vous donc déjà oublié que nous venons de célébrer le sacrement qui mène au Royaume et que chacun est appelé par Dieu, sans acception de personne, en toute liberté ? Son amour est le même pour tous. »

Le Christ est notre Paix. Il donne la paix en s'offrant lui-même comme paix par excellence. Celui qui le suit a la paix dans son cœur pour l'éternité. La paix est un bien messianique qui va plus loin que l'absence de conflit et de guerre. La paix qui vient du Christ est une plénitude de communion avec Dieu et des hommes entre eux.

II.1. La paix est le cadeau de la résurrection

Lorsque Jésus rejoint les siens, il commence souvent, pour ne pas dire toujours, par leur faire le don de sa paix, et il les rassure. C'est ensuite qu'il leur demande de croire parce que c'est la raison pour laquelle il se fait voir. Il veut provoquer la foi de ceux qui vivaient avec lui et qui sont appelés à vivre autrement sa présence. Ils doivent désormais s'habituer à son absence physique pour croire en sa présence spirituelle. Mais ils doivent faire le pont.

Afin qu'ils ne pensent pas que c'est un fantôme, il les invite à faire mémoire de tout ce qu'il leur avait dit quand il était avec eux. À partir de là, il les envoie en faisant d'eux des témoins de sa Parole et de sa Résurrection. Ils ont vu et ils ont entendu, ils ont gardé mémoire de tout et ils peuvent enfin tout annoncer.

Le Seigneur pense que la paix est le début d'une communauté parce qu'elle unit les cœurs et les âmes (ses disciples peuvent avoir ainsi un seul cœur et une seule âme). Il n'y a que la paix qui peut les pousser à laisser de côté ce qui crée la division et le trouble. La paix est la conséquence du pardon et de la réconciliation. Elle habite les gens qui dépassent leurs conflits, leurs tiraillements et évitent les violences de tout genre.

La paix que le Seigneur apporte vient dissiper toute peur. Le Seigneur sait, qu'après sa mort, ses disciples vivent apeurés. La paix est le vrai chemin de la confiance en soi-même et aux autres. Elle fait naître la communion et la fraternité.

La Bonne nouvelle de Jésus n'est pas quelque chose à garder pour soi. Elle doit être portée aux frères, aux autres pour notre salut et leur salut. L'envoi des disciples a pour mission d'apporter la paix à l'humanité comme le texte de Jean nous le dit.

La paix soit avec vous : Jn 20,19-23

« *C'était après la mort de Jésus, le soir du premier jour de la semaine. Les disciples avaient verrouillé les portes du lieu où ils étaient, car ils avaient peur des Juifs. Jésus vint, et il était là au milieu d'eux. Il leur dit : "La paix soit avec vous ! " Après cette parole, il leur montra ses mains et son côté. Les disciples furent remplis de joie en voyant le Seigneur. Jésus leur dit de nouveau : "La paix soit avec vous ! De même que le Père m'a envoyé, moi aussi, je vous envoie." Ayant ainsi parlé, il répandit sur eux son souffle et il leur dit : "Recevez l'Esprit Saint. Tout homme à qui vous remettrez ses péchés, ils lui seront remis ; tout homme à qui vous maintiendrez ses péchés, ils lui seront maintenus."* »

Le rassemblement des Apôtres est un signe de leur communion, mais aussi de leur foi. Ils se rassemblent parce qu'ils ont peur. Mais le fait qu'ils ont peur n'est-il pas une manifestation de leur manque de foi ? Cette question mérite d'être posée. Retenons qu'en étant ensemble et en formant une communauté, ils semblent être plus confiants. Ils se sécurisent tous. Mais voilà que le Seigneur profite de ce moment pour faire son apparition et les rassurer dans leur foi. Ceux qui sont ensemble ont un même cœur, une même foi. On comprend pourquoi Thomas s'absentait : c'est parce qu'il avait des doutes.

Il avait du mal au début de s'intégrer dans cette foi commune. Il vit sa solitude à l'air libre. Thomas, choisit de s'écarter dans ce moment, de s'écarter de la communion avec les autres. Le Seigneur vient d'abord accorder sa grâce à ceux qui sont ensemble, avant d'aller visiter les gens individuellement.

Jésus vient trouver cette communauté qui a une seule foi, pour leur donner sa paix. « La paix soit avec vous. » Comme ils ne sont pas en paix et qu'ils ont peur, Jésus leur répète cette salutation tout en leur donnant la force d'ouvrir les portes de leurs cœurs. Ainsi si les portes sont ouvertes, il peut leur donner la mission d'aller annoncer sa résurrection, de sortir de leur enfermement pour être des témoins de sa Bonne nouvelle.

Il leur accorde sa paix et les envoie comme ses ambassadeurs pour établir son royaume dans le monde. Il les envoie annoncer son Évangile jusqu'aux limites du monde. Mais cela n'est possible que s'ils sont munis de trois choses : de sa paix qui est aussi à transmettre, de son Esprit qui donne sa force, et du pouvoir de pardonner le péché.

Jésus les envoie comme lui-même fut envoyé par son Père. Et pour ne plus se sentir seuls, Jésus leur donne son souffle même, son Esprit. C'est bien lui qui va les accompagner dans les chemins difficiles qu'ils rencontreront, juste pour les rassurer et les réconforter. Cet Esprit aide l'Église à se lancer dans l'aventure missionnaire et apostolique. Ils peuvent maintenant aller raconter les merveilles du Seigneur au monde. On le voit donc, l'Esprit garantit aux disciples d'être tranquilles et de porter la paix aux nations. L'Église tire son acte de naissance de

Pentecôte et du souffle de Dieu. C'est ce souffle qui va la faire vivre. L'Esprit donne corps à ce rassemblement et lui donne la chance de grandir dans la paix, la joie et la vie du Christ.

La Bonne nouvelle n'est pas que paroles et mots, elle est aussi acte. Parmi les actes, le plus parlant est celui du pardon. Apprendre à pardonner fait partie de la mission des disciples. Jésus donne à ses disciples le pouvoir de pardonner. « Ceux à qui vous remettrez leurs péchés, ils leur seront remis…et ceux à qui vous les retiendrez, ils leur seront retenus. »

Le pardon apaise le cœur et donne la paix à celui dont le cœur est partagé et la vie en conflit. Lorsque nos cœurs s'enferment dans leurs péchés, le Seigneur nous propose sa paix par le pardon. Le texte que nous venons d'analyser nous montre que quels que soient nos verrouillages, Jésus sait entrer dans notre intérieur pour nous parler et pour demeurer avec nous suivant l'accueil que nous lui accordons.

La paix que le Christ adresse et souhaite à ses disciples ne vise qu'une chose : d'apaiser et d'encourager ceux qui portent la lourdeur de vivre dans ce monde plein de contradictions. Le Seigneur apparaît d'ailleurs pour dire à l'homme qu'il n'est pas seul. Lui est à côté de cet homme peureux et écrasé par le poids de la vie.

Donc, nous l'avons vu : Jésus, après avoir disparu physiquement, donc après être retourné chez son Père, revient pour se faire voir à ses disciples : et la seule chose qu'il apporte à part la certitude qu'il est vivant, c'est la paix. Il leur dit tout le temps : la paix soit avec vous. Plusieurs autres textes de l'Évangile l'attestent.

II.2. Un contre-argument : Jésus apporte le feu

Comment croire que Jésus soit venu pour apporter le feu et non la paix sur la terre ? Pourtant c'est lui-même qui le dit. Disons-le tout de suite : son objectif est de provoquer la réflexion et le débat autour de lui et de sa mission. Il veut nous rendre à l'évidence et au réalisme : il n'y a pas de vie chrétienne sans déchirure et sans remise en cause de nos existences. Il n'est pas facile de suivre le Christ. Celui qui s'engage à le suivre doit accepter de se laisser retourner intérieurement.
Suivre le Christ c'est se convertir, c'est changer de direction et renoncer à l'ancienne pente sur laquelle on se trouvait.

Jésus est venu apporter non pas la paix, mais le feu : Lc 12,49-53

« *Jésus disait à ses disciples : "Je suis venu apporter un feu sur la terre, et comme je voudrais qu'il soit déjà allumé ! Je dois recevoir un baptême, et comme il m'en coûte d'attendre qu'il soit accompli ! Pensez-vous que je sois venu mettre la paix dans le monde ? Non, je vous le dis, mais plutôt la division. Car désormais cinq personnes de la même famille seront divisées : trois contre deux et deux contre trois ; ils se diviseront : le père contre le fils et le fils contre le père, la mère contre la fille et la fille contre la mère, la belle-mère contre la belle-fille et la belle-fille contre la belle-mère."* »
Quelle étonnante intervention de Jésus ? N'est-il pas le Prince de la Paix annoncé par les prophètes ? Jésus n'est-

il pas venu communiquer au monde un Royaume de paix ? N'a-t-il pas proclamé dans son discours sur la montagne : « Heureux les artisans de Paix, ils seront appelés fils de Dieu. » (Mt 5,9) ; La paix n'est-elle pas le don par excellence de la Résurrection ? (Lc 24,36 ; Jn 20,21) Voilà autant de questions qui nous submergent à l'écoute de cette troublante parole de Jésus.
Jésus dit qu'il n'apporte pas la paix, mais le feu. Ce mot feu est déjà rencontré lorsque Jean le Baptiste l'annonçait : Il baptisera dans le feu et dans l'esprit. (Mt 3,11 ; Lc 3,16). Il y a donc le feu de l'Esprit vu dans le sens d'un Esprit qui procure l'énergie, la générosité, l'action, le service, l'engagement et le témoignage.
Mais le feu dont parle Jésus fait allusion à l'expérience de la conversion des premiers disciples qui devait créer la division dans le sens de laisser leurs familles, leurs terres, leurs frères et leurs parents. Les divisions dont parle Jésus font penser aux images bibliques traditionnelles pour dire les bouleversements qui précéderont la fin des temps et l'avènement du règne de Dieu. Ce qui signifie ici que l'avènement de Jésus inaugure une nouvelle et ultime étape dans l'histoire du salut.
Cette nouvelle étape ne peut pas commencer sans un déchirement qui consiste à confronter tout être à sa propre vérité. Saint Paul le dit autrement : « C'est le feu qui permettra d'apprécier la qualité de l'ouvrage de chacun. » (1 Co 3,13).
Jésus va jusqu'à remettre en question la concordance familiale. C'est comme l'histoire de la tour de Babel où Dieu casse l'unité factice des hommes réunis pour construire une tour négatrice de l'altérité de Dieu. (Gn 11,1-9). La paix véritable ne vient que de la vérité authentique.

Jésus, par ce texte qui parle du feu qu'il apporte, choisit de nager à contre-courant, il pédale contre le vent. Il ne suit pas la mode, ni non plus les idées dominantes. Jésus veut seulement montrer son réalisme : il n'est pas facile d'être chrétien, voudrait-il prévenir ceux qui le suivent. Un chrétien responsable en sait quelque chose, surtout dans nos sociétés actuelles. Qui peut, en toute sécurité et assurance, parler aujourd'hui des béatitudes, du respect de la vie, du pardon, des droits des pauvres sans qu'on le prenne pour un illuminé ? Sans qu'il rencontre de la haine ?

Pour résister à cette haine, il faut avoir les yeux fixés sur Jésus. Il n'y a que lui qui puisse soutenir ceux qui s'engage comme lui pour des causes pareilles qui sont au cœur de son message d'amour. Lui a eu le courage de résister jusqu'au sang. Il en sait quelque chose. Le feu qu'il veut allumer est le même qui est descendu sous forme de langue de feu sur les apôtres. Il est question ici du feu de l'amour embrasé par la Résurrection.

La venue de Jésus dans le monde ouvre un sentier de paix dans notre société actuelle où résonne le fracas des armes, du terrorisme, des guerres, de l'intégrisme, de la misère et de la pauvreté.

CHAP. III : LE DEVOIR DES VACANCES

Dieu institue le sabbat comme un temps de repos. Il l'observe d'abord lui-même après l'œuvre immense de la création, puis il le recommande à l'homme. Il lui demande d'observer le repos du sabbat. Le temps de repos est un temps de détente et de rencontres plutôt familiales. C'est pendant ce temps que l'on oublie les soucis relatifs à la profession et au travail. On a un sentiment de légèreté et de libération après tant d'efforts pendant le travail de tous les jours. Ce temps, généralement, permet de se tourner un peu vers l'avenir après une pause.
Jésus pense que c'est légitime d'avoir un moment ou un lieu pour se reposer. Ne dit-il pas que « le Fils de l'homme n'a pas où reposer la tête ? ». Il voudrait en fait nous signifier que parmi les grandes aspirations de l'homme, il y a celle de goûter au repos, dans un lieu intime. Et souvent de tels endroits sont recherchés pour apaiser l'esprit et refaire les forces.

Jésus invite ses disciples à un repos mérité : Mt 6,30-34

« Après leur première mission, les Apôtres se réunissent auprès de Jésus, et lui rapportent tout ce qu'ils ont fait et enseigné. Il leur dit : "Venez à l'écart dans un endroit désert, et reposez-vous un peu." De fait, les arrivants et les partants étaient si nombreux qu'on n'avait même pas le temps de manger. Ils partirent donc dans la barque pour un endroit désert, à l'écart. Les gens les virent s'éloigner, et beaucoup les reconnurent. Alors, à pied, de toutes les villes, ils coururent là-bas et arrivèrent avant eux. En débarquant, Jésus vit une grande foule. Il fut saisi de pitié envers eux, parce qu'ils étaient comme des brebis sans berger. Alors, il se mit à les instruire longuement. »

Jésus vit une belle relation avec ses disciples. Il les envoie en mission, leur donne des pouvoirs et leur indique comment se comporter sur leur chemin. Eux, quand ils retournent, lui rendent compte. Ils sont heureux de lui dire comment la mission s'est passée.

Les apôtres éprouvent devant lui le poids de la mission et la fatigue du chemin. Jésus voit. Il les invite à aller se reposer un peu. C'est un repos mérité. « Venez à l'écart dans un endroit désert, et reposez-vous un peu. » Ils s'embarquent avec Jésus et vont de l'autre côté loin de l'activité missionnaire qu'ils ont accomplie. Mais ils sont repérés par la foule qui les suit. Dès qu'ils arrivent, ils trouvent des gens déjà là, venus de toute la région pour être guéris et pour entendre son discours ou ses enseignements sur le Royaume.

Jésus voit la foule, et il ne peut pas être indifférent pour poursuivre son repos avec ses disciples. Il est saisi de

pitié, saisi de compassion. Celle-ci suffit pour qu'il interrompe son temps de repos. Jésus va chercher à les nourrir. Les disciples non plus n'ont pas eu le temps de se reposer, et ils passent à une deuxième mission, celle de nourrir ceux qui ont faim et soif de la parole du Seigneur, mais aussi faim et soif dans leur chair.
Jésus est le berger tant attendu, qui vient au secours de ses brebis qui vivent une grande solitude dans leur existence, et qui pourtant ont soif de la parole du Seigneur. Il se met à les instruire longuement. Même au repos, le Seigneur fait résonner sa Parole. Les vacances peuvent aussi être un lieu de rencontre. On peut y rencontrer des hommes connus et inconnus, mais aussi le Seigneur dans le silence.

Jésus invite à trouver auprès de lui notre repos : Mt 11,25-30

« *En ce temps-là, Jésus prit la parole : "Père, Seigneur du ciel et de la terre, je proclame ta louange : ce que tu as caché aux sages et aux savants, tu l'as révélé aux tout-petits. Oui, Père, tu l'as voulu ainsi dans ta bonté. Tout m'a été confié par mon Père ; personne ne connaît le Fils, sinon le Père, et personne ne connaît le Père, sinon le Fils, et celui à qui le Fils veut le révéler. Venez à moi, vous tous qui peinez sous le poids du fardeau, et moi, je vous procurerai le repos. Prenez sur vous mon joug, devenez mes disciples, car je suis doux et humble de cœur, et vous trouverez le repos. Oui, mon joug est facile à porter, et mon fardeau, léger."* »
Dans ce texte, Jésus demande d'abord à son Père de lui donner la gloire qu'il mérite, parce que lui-même lui a

rendu la gloire. Mais son instance revient sur la révélation. Dieu ne se révèle pas aux puissants et à ceux qui se vantent d'être sages. Il se révèle aux humbles et aux tout petits. La révélation de Dieu passe par le Fils, le seul qui l'a vu, et à ceux qui veulent lui ressembler. Jésus est celui qui a manifesté de la manière la plus parfaite l'union de l'humanité à Dieu le Père.

Il faut avoir l'attitude des tout-petits pour recevoir Dieu dans son cœur, dans sa vie et dans son existence. Il faut être en pleine confiance avec le Seigneur pour accueillir le Seigneur qui se donne tous les jours à ses disciples. C'est quand on sait le recevoir qu'on trouve la paix dans son cœur. En invitant ensuite ses disciples au repos, Jésus les invite à la paix, la paix pour chacun d'eux, la paix pour les autres et la paix de Dieu dans les cœurs de ceux qu'il aime comme nous le disons bien dans le gloria.

Celui qui veut cette paix du Christ, cette paix qui dure, n'a qu'à aller vers lui avec son joug. En effet, le joug est une veille image de la loi. Cela était vrai quand les gardiens de la loi dans la société juive, du temps de Jésus, chargeaient les pauvres et les petits de la société avec des fardeaux pesants qu'ils ne pouvaient pas eux-mêmes remuer d'un seul doigt. (Mt 23). Jésus s'insurge contre cette manière de faire. Il propose une loi simple qui ne pèse pas lourd : la loi de l'amour. Le joug du Christ est facile parce qu'il est amour. Il devient exigeant, donc une croix, lorsqu'il doit être vécu dans le renoncement, dans l'humilité et dans la douceur.

Jésus donne un autre sens au joug. Il n'est plus, selon lui, un moyen d'asservissement, il est plutôt ce qui rend les relations avec les autres possibles. La relation que Dieu propose entre les hommes est celle qui unit tous les frères au Père. Le repos ne peut être trouvé qu'en entrant dans cette relation et en devenant ses disciples. Le secret du repos que Jésus propose est dans son alliance et dans son amour. Il propose un temps de repos. Il veut échanger avec ses disciples son joug à lui contre le fardeau de leur vie. Alors posons la question : quel est le joug qui rend légers les fardeaux ?

Jésus veut nous libérer des soucis de la vie, de nos préoccupations qui rendent lourde la vie. L'existence devient lourde lorsqu'elle rencontre des échecs autour de la profession, les déceptions amoureuses, les ratés des projets etc. C'est en s'approchant du Seigneur, et en renonçant à plusieurs choses inutiles de notre vie, que nous pourrons devenir légers et souples pour aller avec le Seigneur sur notre chemin. Le joug du Christ est facile à porter.

Jésus insiste sur cette invitation qu'il lance pour le repos. Ce repos n'est pas synonyme de détente et de l'oisiveté. Il s'agit plutôt de se sentir bien avec lui. Selon lui, celui qui porte des poids lourds de la vie, ne peut pas être en repos, il ne peut pas être en paix. S'il arrive à se débarrasser des poids difficiles à porter, il vit léger comme vit un enfant. Ce dernier est toujours dans l'attitude d'abandon et de confiance. Il est certain qu'il est porté et qu'il est aimé.

Jésus n'a pas porté que la croix, il veut porter nos lourds fardeaux de la vie. Il nous procurera un repos certain. Son repos est celui qui nous fait sentir aimés par lui, celui qui nous fait découvrir l'intimité et la confiance qu'il nous accorde.

Ne dit-on pas avec raison que lorsque la peine est partagée, elle est moins ressentie. Jésus veut prendre sur lui notre joug, donc notre croix. Et il nous fait la promesse de porter notre fardeau et nos poids de la vie. Son atti-

tude de simplicité et de disponibilité nous rassure et nous met en confiance. Mais il faut y répondre par une autre humilité de notre part afin de nous laisser porter par le Christ et par sa tendresse.
Oui, il y a le repos que nous pouvons obtenir du Seigneur dans son accompagnement quotidien de notre vie, par la recherche de la paix que nous ne pouvons trouver qu'en lui, mais il y a aussi le repos éternel qu'il accorde. Voyons ce qu'il en est.

CHAP. IV : LE REPOS ÉTERNEL : LA FIN DES TEMPS ET L'AU-DELÀ

La foi consiste à accepter que quelque chose qui nous dépasse et nous transcende existe, et que ce quelque chose a un quelconque pouvoir sur notre vie, non seulement aujourd'hui, mais également dans l'avenir. La foi est toujours fondée sur une espérance. Elle nous ouvre souvent vers le futur. « Sachez que le Fils de l'homme est proche, qu'il est à vos portes. » (Mc 13,29)

Généralement, l'Église s'organise pour que la fin de l'année liturgique tourne nos regards vers le retour du Fils de Dieu. Il faut se préparer à l'accueillir. Jésus demande donc de prendre toutes les dispositions pour cela : « Prenez garde », « Restez éveillés ! ». On entend souvent ces recommandations de Jésus dans les textes proposés pour le recueillement à chaque fin de l'année liturgique en automne. Pourquoi s'éveiller ? Comme si on dormait. Évidemment la monotonie de nos activités de tous les jours produit une somnolence spirituelle. Le risque est toujours grand de négliger ce devoir de la préparation. Pourtant l'urgence est là ? Il faut se mettre dans une attitude d'attente.

IV.1. À quand la fin des temps ?

Jésus dit, dans ce texte que nous présentons ici pour la méditation afin de répondre à cette question, que le ciel et la terre pourront passer, mais sa parole, elle, ne passera jamais. Il ne s'agit pas de dévaloriser notre vie sur la terre. Jésus voudrait plutôt la consigner dans une perspective plus large qui produit du sens. Au lieu de mettre sa foi dans les choses qui passent, il vaut mieux compter sur ce qui demeure, son amour et sa parole qui sont inscrits dans l'éternité. Lorsqu'on croit aux paroles du Christ, on vit sur du solide, on est fort même dans l'adversité, et la question de la peur du lendemain qui consiste à nous demander quand arrivera cette fin de temps et comment elle se fera, ne doit ni nous préoccuper, ni nous inquiéter.

Nul ne connaît le jour, ni les anges, même pas le Fils de l'homme : Mc 13,24-32

« Jésus parlait à ses disciples de sa venue : "En ces temps-là, après une terrible détresse, le soleil s'obscurcira et la lune perdra son éclat. Les étoiles tomberont du ciel, et les puissances célestes seront ébranlées. Alors on verra le Fils de l'homme venir sur les nuées avec grande puissance et grande gloire. Il enverra les anges pour rassembler les élus des quatre coins du monde, de l'extrémité de la terre à l'extrémité du ciel. Que la comparaison du figuier vous instruise : Dès que ses branches deviennent tendres et que sortent les feuilles, vous savez que l'été est proche. De même, vous aussi, lorsque vous verrez arriver cela, sachez que le Fils de l'homme est proche, à votre porte. Amen, je vous le dis : cette génération ne passera pas

avant que tout cela n'arrive. Le ciel et la terre passeront, mes paroles ne passeront pas. Quant au jour et à l'heure, nul ne les connaît, pas même les anges dans le ciel, pas même le Fils, mais seulement le Père." »

Ce texte introduit une réflexion sur la fin des temps. L'Évangéliste annonce des dérèglements cosmiques et des perturbations de tous genres, accompagnés du retour du Fils de Dieu dans la gloire. La description de ce moment fait peur. Elle horrifie et terrifie. C'est effrayant. Qui aurait envie de vivre des moments pareils semblables à un tremblement de terre dans un village ou à un tsunami dévastateur de tout ce qu'il rencontre sur son passage ?

Jésus annonce les signes avant-coureurs, avant la ruine du Temple. Selon lui, il y aura des faux prophètes, des calamités constituées des guerres, des tremblements de terre et des famines, et enfin des persécutions contre les disciples. Jésus utilise le langage des apocalypses qui existent déjà dans la tradition biblique (Isaïe 13,10 ; Joël 2,10 ; Ezéchiel 32,7). Jésus utilise cette pédagogie pour nous mettre devant notre fragilité humaine qui nous disposerait à mieux rester dans l'attente de voir le Fils de l'homme venir avec grande gloire.

Donc, cette attente ne doit pas empêcher le chrétien de vivre. Elle constitue la vie même. L'espérance du croyant n'est pas une projection dans un avenir lointain. Elle incite à vivre pleinement et consciemment le présent. Il existe donc une continuité entre l'aujourd'hui et le demain du Royaume. Veiller c'est prendre garde à pratiquer le commandement d'amour que le Seigneur nous propose. Veiller c'est accepter que le Seigneur se fraye un chemin dans nos cœurs et dans nos vies parce qu'il est déjà aux portes de nos vies.

IV.2. Comme on ne connaît pas l'heure, il faut veiller

Le Seigneur demande de ne pas dormir, mais de rester plutôt éveillés. Ce cri est à situer dans les discours eschatologiques qui parlent de la fin des temps. Jésus conseille une manière de se tenir à ses disciples avant de les quitter, donc avant qu'il ne soit arrêté.

Veillez car vous ne savez pas... : Mc 13,33-37

« En ce temps-là, Jésus disait à ses disciples : "Prenez garde, restez éveillés : car vous ne savez pas quand ce sera le moment. C'est comme un homme parti en voyage : en quittant sa maison, il a donné tout pouvoir à ses serviteurs, fixé à chacun son travail, et demandé au portier de veiller. Veillez donc, car vous ne savez pas quand vient le maître de la maison, le soir ou à minuit, au chant du coq ou le matin ; s'il arrive à l'improviste, il ne faudrait pas qu'il vous trouve endormis. Ce que je vous dis là, je le dis à tous : Veillez !" »

Jésus annonce des malheurs qui arrivent en chaîne : séismes, famines, persécutions, délations, apostasies, faux prophètes, troubles cosmiques, guerres entre les nations etc. Puis il ajoute : il faut que tout cela arrive parce que ce sont des douleurs d'enfantement. Mais il faut prendre garde à tout cela. N'ayez pas peur parce qu'au bout de tout cela, il y a le Fils de l'homme qui revient en gloire. Le temps est donc donné. C'est le temps de l'enfantement. Il faut y travailler et non pas passer le temps dans les somnolences modernes. Ce temps n'est pas le *Chronos* qui passe et conduit à la déchéance, mais le *Kairos*, le temps de la grâce, le temps qui fait naître à une vie nouvelle. Comme les mages, nous sommes invités à lire les signes dans le cosmos, dans l'histoire et dans la vie. C'est le moment d'arranger nos cœurs pour que le Seigneur y trouve sa demeure.

Restez éveillés et priez en tout temps : Lc 21,25-36

« Il y aura des signes dans le soleil, dans la lune et dans les étoiles. Et sur la terre, les nations seront dans l'angoisse, épouvantées par le bruit de la mer et des vagues. Des hommes rendront l'âme de terreur dans l'attente de ce qui surviendra sur la terre, car les puissances célestes seront ébranlées. Alors on verra le Fils de l'homme venir sur une nuée avec beaucoup de puissance et de gloire. Quand ces événements commenceront à se produire, redressez-vous et relevez la tête, parce que votre délivrance est proche. » Puis il leur dit une parabole : "Regardez le figuier et tous les autres arbres. Dès qu'ils bourgeonnent, vous savez de vous-mêmes que déjà l'été est proche. De même, quand vous verrez ces choses arriver, sachez que le royaume de Dieu est proche. Je vous le dis en vérité, cette génération ne passera pas avant que tout cela n'arrive. Le ciel et la terre disparaîtront, mais mes paroles ne disparaîtront pas. Faites bien attention à vous-mêmes, de peur que votre cœur ne devienne insensible, au milieu des excès du manger et du boire et des soucis de la vie, et que ce jour ne fonde sur vous à l'improviste. En effet, il s'abattra comme un piège sur tous les habitants de la terre. Restez donc en éveil, priez en tout temps, afin d'avoir la force d'échapper à tous ces événements à venir et de vous présenter debout devant le Fils de l'homme." »

Nous vivons un moment difficile où les calamités naturelles s'abattent sur notre planète. Les médias en parlent quotidiennement : inondations, cyclones, tsunamis et catastrophes de toutes sortes arrivent tous les jours sur la terre. Cela annonce-t-il ce que raconte l'Évangile ? La planète s'échauffe, c'est au moins ce qu'expliquent les scientifiques. Devrions-nous penser que c'est la fin de tout ? Non, parce que ce texte lui-même nous dit qu'au bout de tout il y a le Fils de l'homme avec grande puissance et grande gloire. Voilà une grande consolation. Il est là, et nous n'avons pas le droit d'avoir peur. Cela fait penser au récit des disciples qui ont peur sur l'eau et qui crient. Jésus leur dit qu'ils sont des hommes de peu de foi. Jésus est le nouvel Adam, celui qui est capable de réhabiliter une création détruite par nos inadvertances. Jésus est la force de l'humanité. Il est venu pour rassurer les hommes. Sa présence sera toujours là pour préserver l'humanité et la sauver. Tout passera, mais lui ne passera pas. Avec lui, l'humanité ne passera pas. N'a-t-il pas dit : « Quand j'aurai été élevé de terre, j'attirerai tous les hommes à moi. » (Jean 12,32).

IV.3. La nature de l'au-delà

La question de la nature de l'au-delà hante tout un chacun. Comment serions-nous ? Aurons-nous des gens à aimer et du travail à faire comme dans la vie présente ? Jésus y donne une réponse en profitant d'une dispute rabbinique entre lui et les Sadducéens sur la résurrection à laquelle ces derniers ne croient pas. L'évangile de Luc fait la différence entre ce qui se vit dans ce monde, et qui ne se vit pas dans le monde à venir. Les fils de ce monde se marient, tandis que « ceux qui ont été jugés dignes d'avoir part au monde à venir et à la résurrection des morts ne se marient pas. » Voici une déclaration forte. La vie en couple, la vie sexuelle, ce n'est pas toute la vie. Ceux qui n'ont pas de vie en couple ne sont pas privés de Dieu, même si le mariage reste un lieu possible du témoignage du monde à venir et de la résurrection.

On ne se marie pas là-bas : Lc 20,27-38

« Quelques-uns des sadducéens, qui disent qu'il n'y a pas de résurrection, s'approchèrent et posèrent à Jésus cette question : "Maître, voici ce que Moïse nous a prescrit : Si un homme marié meurt sans avoir d'enfants, son frère épousera la veuve et donnera une descendance à son frère. Or, il y avait sept frères. Le premier s'est marié et est mort sans enfants. Le deuxième [a épousé la veuve et est mort sans enfants], puis le troisième l'a épousée ; il en est allé de même pour les sept : ils sont morts sans laisser d'enfants. Enfin, la femme est morte aussi. À la résurrection, duquel d'entre eux sera-t-elle donc la femme ? En effet, les sept l'ont eue pour épouse." Jésus leur répondit : "Les hommes et les femmes de ce monde se marient, mais celles et ceux qui seront jugés dignes de prendre part au monde à venir et à la résurrection ne se marieront pas. Ils ne pourront pas non plus mourir, car ils seront semblables aux anges, et ils seront enfants de Dieu en tant qu'enfants de la résurrection. Que les morts ressuscitent, c'est ce que Moïse a indiqué, dans l'épisode du buisson, quand il appelle le Seigneur le Dieu d'Abraham, le Dieu d'Isaac et le Dieu de Jacob. Or Dieu n'est pas le Dieu des morts, mais des vivants, car tous sont vivants pour lui." »

La nature de l'au-delà restera toujours un secret de Dieu et une énigme pour l'homme. Dieu veut que l'on s'intéresse d'abord à la vie d'ici-bas au lieu de penser tout le temps à l'après la mort. Penser à l'aujourd'hui, même si Dieu nous appelle à participer à son éternité. Celle-ci n'appartient pas seulement au futur. Elle est déjà possible dans notre aujourd'hui.

Que devenons-nous après la mort ? Que sont devenus ces êtres chers qui nous ont quittés ? Leur corps qui étaient présents dans l'espace à un moment donné de l'histoire, disparaissent et nous échappent. Les opinions sont différentes sur cette question, et les saducéens au temps de Jésus ont la leur. Lorsqu'ils interrogent Jésus pour le piéger, il saisit l'occasion pour annoncer Dieu, auteur de la vie qu'il apporte, lui-même, à l'humanité. Son souci n'est pas de décrire l'au-delà, mais d'insister sur la primauté de la vie sur la mort. Il dit que ceux qui passent à l'autre côté « sont semblables aux anges. »

Le Dieu de la foi proclamé par le Christ est le même que celui d'Abraham, d'Isaac et de Jacob. Ce qui signifie qu'il est un Dieu qui vient rejoindre l'homme dans son histoire. Il est un Dieu qui se révèle au cœur de la fragilité humaine pour y mettre sa vie. Dieu s'intéresse à l'être humain avec ce qu'il est, avec ses limites et ses hauteurs. C'est ce Dieu que Jésus proclame. Sa Résurrection nous introduit dans une espérance qui nous porte vers la vie. Il ne s'agit pas de supprimer la mort comme fin de la vie terrestre. La vie est plutôt transfigurée. Elle est transformée. Cette transfiguration de la vie commence dès ici-bas. La vie ressuscitée se témoigne dans notre existence quotidienne éclairée par une joyeuse espérance, comme le dit 2 Th 2,16. Dieu signe un contrat avec chaque homme afin qu'il travaille à sa vigne humaine pour le bien de l'humanité. Au soir du travail rendu, il donnera à chacun selon ce que le contrat dit.

Ouvriers de la dernière heure : Mt 20,1-16

« Jésus disait cette parabole : "Le Royaume des cieux est comparable au maître d'un domaine qui sortit au petit jour afin d'embaucher des ouvriers pour sa vigne. Il se mit d'accord avec eux sur un salaire d'une pièce d'argent pour la journée, et il les envoya à sa vigne. « Sorti vers neuf heures, il en vit d'autres qui étaient là, sur la place, sans travail. Il leur dit : "Allez, vous aussi, à ma vigne, et je vous donnerai ce qui est juste." Ils y allèrent. Il sortit de nouveau vers midi, puis vers trois heures, et fit de même. Vers cinq heures, il sortit encore, en trouva d'autres qui étaient là, et leur dit : "Pourquoi êtes-vous restés là, toute la journée, sans rien faire ?" Ils lui répondirent : "Parce que personne ne nous a embauchés." Il leur dit : "Allez, vous aussi, à ma vigne." Le soir venu, le maître de la vigne dit à son intendant : "Appelle les ouvriers et distribue le salaire, en commençant par les derniers pour finir par les premiers." Ceux qui n'avaient commencé qu'à cinq heures s'avancèrent et reçurent chacun une pièce d'argent. Quand vint le tour des premiers, ils pensaient recevoir davantage, mais ils reçurent, eux aussi, chacun une pièce d'argent. En la recevant, ils récriminaient contre le maître du domaine : "Ces derniers venus n'ont fait qu'une heure, et tu les traites comme nous, qui avons enduré le poids du jour et de la chaleur !" Mais le maître répondit à l'un d'entre eux : "Mon ami, je ne te fais aucun tort. N'as-tu pas été d'accord avec moi pour une pièce d'argent ? Prends ce qui te revient, et va-t'en. Je veux

donner à ce dernier autant qu'à toi : n'ai-je pas le droit de faire ce que je veux de mon bien ? Vas-tu regarder avec un œil mauvais parce que moi, je suis bon ?" Ainsi les derniers seront premiers, et les premiers seront derniers." »

Le maître du domaine de la vigne prend soin de sa vigne. Il lui faut des ouvriers parce que la vigne demande beaucoup de travail par rapport aux autres arbres comme le figuier. Il faut tailler, ébourgeonner, émonder, palisser, effeuiller, écimer. Donc autant d'interventions jusqu'au vendanges. Il se met à embaucher des ouvriers toute la journée. Il engage le tout-venant et donne la chance à chacun. Le travail se fait seulement dans cette journée pour un salaire convenu. Il donne à chacun ce qui est juste. C'est au soir, à la fin de la journée, qu'il règle les salaires de tous en octroyant aux derniers comme aux premiers le même salaire, selon le contrat. Il ne fait pas les calculs selon le temps comme nous pourrions le faire aujourd'hui. Chacun reçoit de quoi vivre dans la journée. Jésus vient confondre nos logiques humaines. Selon lui, les derniers seront premiers, et les premiers seront derniers. Il renverse nos pratiques et nous déconcerte. Il prodigue son amour de la même manière à tous ses enfants. Il ne considère pas les mérites. Sa justice est équité pour tout le monde.

CHAP. V : LA RELIGION DU CHRIST EST UNE RELIGION DE LA LIBERTÉ

Dieu a créé l'homme libre. Dieu ne force rien chez l'homme. Il lui laisse la chance de créer, d'inventer, de se projeter dans l'avenir, d'être responsable de sa vie. La liberté n'exclut en rien la relation profonde qui existe entre Dieu et l'homme. En croyant en la présence de Dieu dans la vie des hommes, la liberté de ceux-ci n'est en rien niée, ni même restreinte. Dieu a créé l'homme et lui a tout donné pour être libre et pour gérer sa vie afin d'être heureux. Il lui a donné l'intelligence et la volonté afin de faire des choix pertinents qui peuvent le conduire non seulement à son bonheur dans son quotidien dans le présent, mais aussi à son salut à venir.

Parmi ces choix auxquels l'homme est appelé, il y a la reconnaissance par la foi de l'existence et de la présence de ce Dieu créateur et amoureux de l'homme. Mais Dieu, par respect pour l'homme, ne lui impose rien. Il veut que ces choix se fassent de la manière la plus libre possible. La foi devient par ce fait un choix libre de l'homme. Ceux qui ne croient pas, Dieu ne les oblige pas de le suivre par la force.

Vous aussi, voulez-vous partir : Jn 6,60-69

« Jésus avait dit dans la synagogue de Capharnaüm : "Celui qui mange ma chair et boit mon sang a la vie éternelle." Beaucoup de ses disciples, qui avaient entendu, s'écrièrent : "Ce qu'il dit là est intolérable, on ne peut pas continuer à l'écouter ! " Jésus connaissait par lui-même ces récriminations des disciples. Il leur dit : " Cela vous heurte ? Et quand vous verrez le Fils de l'homme monter là où il était auparavant ?... C'est l'esprit qui fait vivre, la chair n'est capable de rien. Les paroles que je vous ai dites sont esprit et elles sont vie. Mais il en est parmi vous qui ne croient pas. " Jésus savait en effet depuis le commencement qui étaient ceux qui ne croyaient pas, et celui qui le livrerait. Il ajouta : "Voilà pourquoi je vous ai dit que personne ne peut venir à moi si cela ne lui est pas donné par le Père." À partir de ce moment, beaucoup de ses disciples s'en allèrent et cessèrent de marcher avec lui. Alors Jésus dit aux Douze : "Voulez-vous partir, vous aussi ? " Simon-Pierre lui répondit : "Seigneur, vers qui pourrions-nous aller ? Tu as les paroles de la vie éternelle. Quant à nous, nous croyons, et nous savons que tu es le Saint, le Saint de Dieu." »

Les paroles de Jésus sur la manducation de son corps, lorsqu'il se présente comme pain vivant, fâchent ceux qui les écoutent. Elles sont incompréhensibles. Les gens ne tolèrent pas qu'il les invite à le manger, lui, pour retrouver la vie éternelle. Alors surviennent les premières défections dans les rangs des disciples. Ceux qui étaient déjà séduits par ses beaux discours et qui avaient décidé de le suivre sont déçus par ses propos.

Même si c'est dur à comprendre, le Christ n'a pas comme objectif de plaire à ses auditeurs. Il leur dit la vérité quoi que cela lui coûte des désamours. Manger sa chair et boire son sang donné est le prix du salut qu'il est venu apporter.

Non seulement les disciples se demandent si Jésus les invite à devenir anthropophages, mais certains d'entre eux sont choqués d'autant plus qu'il va loin dans sa proposition. Pour eux, il blasphème, presque, parce qu'il dit quelque chose qui va à l'encontre de la tradition religieuse juive. Il était interdit de consommer le sang selon la loi (Lv 7,27). Donc, il leur demande même ce qui est interdit par la loi. Alors beaucoup cessent de marcher à sa suite. Jésus n'hésite pas d'éprouver la fidélité de ceux qui se disent les plus fidèles. Et vous, voulez-vous partir vous aussi ? Pouvez-vous user maintenant de votre liberté et me quitter ? Ces paroles qui invitent à la fidélité font penser à la fidélité de Jésus envers son Père à travers son corps rompu. Elle reste la même jusqu'au bout. L'amour ne s'arrête pas en cours de route, il est un sentiment qui accompagne dans les épreuves comme dans la joie.

V.1. Jésus laisse la liberté à ses disciples

Voulez-vous partir vous aussi ? Jésus laisse la liberté à ses disciples. Il veut que leur choix soit non seulement raisonné, mais surtout libre. Il ne veut rien forcer.

Jésus est vraiment dans la logique de Dieu, son Père et notre Père, qui a depuis le début créé l'homme libre. Il lui laisse cette liberté dans ses choix, comme dans ses actions. « Je te propose aujourd'hui de choisir ou bien la vie et le bonheur, ou bien la mort et le malheur, la bénédiction ou la malédiction. Choisis donc la vie » (Dt 30,19). Josué après l'entrée en Terre Promise va reprendre cette proposition à choisir qui vient de Dieu par Moïse. Il va plutôt conseiller le Peuple de l'alliance de rester fidèle à son Dieu et de ne pas servir les dieux étrangers. (Cf. Josué 24).

Par cette proposition d'une liberté assumée, Dieu veut que chaque être humain, créé à sa ressemblance, se sente libre d'adhérer ou non à l'alliance qui, loin de l'aliéner, l'aide à échapper à la servitude de ses passions, de ses désirs désordonnés, afin de s'associer dans le service de Dieu.

Le Dieu de notre foi se définit lui-même à travers l'histoire du salut comme celui qui libère, celui qui conduit par des chemins plus ou moins escarpés.

Nous devrions nous laisser toucher par son amour. Laissons-nous fasciner par le Christ amour, laissons-nous habiter par l'Esprit du Seigneur, ainsi nous pourrons participer à son dessein de salut pour l'humanité.

Jésus, dans les pas de son Père qui l'a envoyé pour sa mission, n'oblige personne à le suivre. Il donne sa vie jusqu'à la croix, jusqu'à sa mort et à sa résurrection. Les paroles de Jésus et ses actes font germer et grandir la liberté d'une réponse d'homme à un appel de Dieu. Lorsque le Seigneur appelle, il ne le fait pas pour recevoir des réponses hasardeuses ou des réponses du type coup de tête ou coup de cœur. C'est un quitte ou double…c'est à prendre ou à laisser. L'appel à suivre Jésus s'est toujours accompagné d'un réel respect de la liberté. Cette liberté qui vient de Dieu lui-même n'est pas la liberté de faire n'importe quoi, mais la liberté de dresser les signes du Règne qui vient, la liberté de partir et d'annoncer le règne de Dieu, la liberté de nous laisser conduire par l'Esprit.

V.2. Dieu laisse choisir…Il n'impose pas

Nous venons de le voir avec le Deutéronome : choisis entre la vie et la mort, entre le bonheur et le malheur. Les Saintes Écritures sont remplies d'alternatives, c'est-à-dire des propositions que Dieu fait à l'homme pour qu'il soit libre et responsable de ses choix.
Jésus oppose le sage et l'insensé, celui qui bâtit sa maison sur le roc et celui qui bâtit sa maison sur les sables mouvants (Mt 7,24-27) ; Jésus raconte la parabole des vierges sages, prudentes et les vierges sottes et imprudentes. Tout est en double pour que son disciple choisisse.
Jésus lui-même n'est pas en reste. Avant de commencer son ministère, il fut envoyé au désert par l'action du Saint Esprit afin qu'il choisisse entre la fidélité à son Père et les séductions du Tentateur. En toute liberté, il choisit plutôt son Père. Entre Dieu et l'argent, Jésus dit que « Nul ne peut servir deux maîtres. » Il déclare sa loyauté à son Père, le Dieu du ciel. – Jésus oppose la route confortable qui ne mène à rien et le sentier rocailleux qui conduit au Royaume.
Les béatitudes selon Saint Luc utilisent le même schéma qui est celui de mettre l'homme devant ses choix : Saint Luc met face à face quatre appels au bonheur et quatre constats de malheur. Lc 6,17-26.
Le croyant est toujours libre de choisir. Cette liberté se trouve dans l'Évangile que Jésus nous apporte en nous

révélant l'amour du Père et en nous transmettant son Esprit. Cette liberté qui, à la lumière de la tradition chrétienne, peut être comprise comme la capacité à accomplir ce qui est bon et bien, sans être dépendant de l'extérieur, de ce que font ou ne font pas les autres, en particulier ceux qui exercent une responsabilité de guide spirituel.
La liberté est un mot qui est utilisé partout aujourd'hui et dans tous les sens. Tout le monde en use pour défendre ses intérêts. Il se truffe de pièges tellement aujourd'hui que les gens le comprennent parfois de travers. Il finit par signifier souvent une volonté de faire ce que je veux que le véritable choix de la liberté. Et, dans ce cas, elle n'est plus liberté, elle devient du libertinage.
Jésus est confronté aussi, avec ses auditeurs, à la difficulté que ce mot peut inspirer lorsqu'il n'est pas reçu correctement. Pourtant son autorité qui semble faire peur aujourd'hui, n'est pas souvent bien comprise. Elle n'impose pas quoi que ce soit, mais il est un Seigneur qui parle avec autorité parce qu'il fait ce qu'il dit. Son autorité à lui est crédible de ce point de vue.

V.3. La liberté de Jésus est libération

La mission de Jésus est d'accomplir la Pâque nouvelle. Il vient réaliser ce que Moïse avait fait pour le peuple de l'Ancienne alliance, mais, lui, pour l'humanité de la Nouvelle alliance et de façon définitive. Il vient rendre l'homme libre. « La vérité vous rendra libre, dit-il » (Jn 8,32)
Que l'homme possédé par l'esprit mauvais soit libéré par Jésus, cela ne signifie rien d'autre que cet homme sera libéré par la foi qu'il manifeste dans l'audace de son

dialogue avec Jésus. Jésus le libère de son mal. La vie de chrétien, à la suite du Christ, est l'histoire d'une liberté toujours cherchée, et toujours trouvée par l'entremise de Jésus.
C'est à travers l'aventure de la liberté cherchée que la vraie vie, celle que Dieu donne par son Fils Jésus, peut être trouvée. Jésus donne cette liberté à tout homme quel que soit son état de vie. Lorsqu'on est libéré par le Christ, nous quittons nos enfermements et nos peurs, pour que le Christ devienne le cœur de notre vie et que toutes les réalités trouvent leur place en fonction de lui. Toutes les décisions que nous prendrons dans la vie n'auront que lui comme référence, et non plus les peurs du monde.
Nous nous habituons beaucoup à la liberté qui devient une valeur indépassable de notre société. Le libre choix des individus est devenu un mot d'ordre d'une époque qui se veut moderne. Les gens aiment se déterminer dans leurs gestes comme dans leurs paroles. « Choisissez aujourd'hui qui vous voulez servir : les dieux que vos pères servaient au-delà de l'Euphrate, ou les dieux des Amorites dont vous habitez le pays. Moi et les miens, nous voulons servir le Seigneur. » Josué 24,1-2
Le peuple de Dieu est placé devant ses responsabilités. Il lui appartient de choisir librement. L'exercice de sa liberté demande de rester fidèle à ce qu'il aura choisi. Israël qui choisit le Seigneur veut lui rester fidèle : en obéissant à Dieu et en renonçant à toute idolâtrie.
Quand on fait un choix, on s'engage à obéir. D'où, il est important de faire bien son choix et de savoir vraiment à qui on veut faire allégeance. Lorsqu'on choisit le Christ,

on obéit à sa Parole. Cela exige des déplacements considérables, car il y est question de la connaissance de Dieu et de s'inscrire dans un projet d'une grande espérance, celui de la vie éternelle. C'est un chemin de libération qui demande efforts et sacrifices.

CHAP. VI : PAS DE MIRACLE SANS L'HOMME – ON CREE AVEC DIEU (l'homme est co-créateur avec Dieu)

Nous entendons des gens qui disent aujourd'hui, comme pour discuter de l'existence de Dieu, que si Dieu existait pourquoi permettrait-il qu'il y ait des guerres. S'il veut la paix du monde qu'il a créé, pourquoi n'ordonnerait-il pas que la paix s'installe en empêchant les armes de décrépiter ?

Nous avons toujours répondu à cette question que le Seigneur en est capable, mais le Seigneur en créant l'homme et en lui donnant la responsabilité sur le monde, il l'a voulu libre. Dieu a créé l'homme libre. Il ne lui tient pas les mains. Il n'impose rien. Il ne force rien dans sa vie et dans la gestion du monde. Ce qui ne signifie nullement qu'il serait absent de cette gestion du monde.

Jésus était Dieu, capable de grands miracles, capable de faire bouger les montagnes et changer le cours de notre histoire humaine en nous rendant tous parfaits. Mais le voilà qui nous laisse tout à fait libres. Il attend que l'initiative vienne toujours de l'homme afin qu'un miracle soit possible. Dieu veut nous sauver, mais il ne nous sauve pas sans nous. Dieu donne sa puissance à l'accroissement du monde, mais il attend que nous devenions espace d'accueil de son action.

En effet, dans la société de Jésus, il y avait autant d'infirmités, d'aveugles, de paralytiques, de boiteux, de malades. On pourrait imaginer qu'avec sa puissance d'un Dieu, Jésus dise d'une seule voix, comme par un coup de baguette magique, que toute infirmité disparaisse de son village et de son pays. Selon les témoignages de l'Évangile, il ne l'a jamais fait. Il a toujours attendu que la demande vienne d'abord de l'homme concerné lui-même, et puis que la personne manifeste un désir vrai d'être guéri par Dieu dont il a la foi.

Quelques exemples tirés de la Sainte Écriture nous le confirment.

Si Marie n'avait pas vu qu'il manquait de vin aux noces de Cana, Jésus aurait-il changé l'eau en vin ? Si ces organisateurs n'avaient pas apporté cette eau, un miracle n'aurait pas eu lieu.

Si les disciples ne s'étaient pas préoccupés de nourrir la foule qui suivait Jésus, y aurait-il eu la multiplication des pains ? S'ils n'avaient pas apporté les cinq pains et deux poissons, un miracle n'aurait peut-être pas eu lieu.

Si le Lépreux n'avait pas supplié Jésus et s'il n'avait pas montré son désir d'être purifié, il ne l'aurait pas obtenu. S'il n'avait pas montré qu'il avait envie de créer une relation personnelle avec Jésus, il n'aurait pas retrouvé non seulement la santé de son corps mais aussi la vitalité de son esprit et de sa foi. D'ailleurs même après la rencontre, cet homme doit assurer les démarches qui l'incluent dans la communauté. (Cf. Mc 1,40-45). Il devait aller pour sa purification se montrer au Prêtre comme l'exige la loi de Moïse.

Jésus guérit la belle-mère de Simon Pierre, justement parce qu'on lui en parle : « ...Aussitôt, on parla à Jésus de la malade. Jésus s'approcha, la saisit par la main et la fit lever. » (Mc 1,30-31)
Dieu associe l'homme à son œuvre de salut. Siméon n'a-t-il pas eu raison de chanter : « Mes yeux ont vu le salut, que tu as préparé à la face de tous les peuples. » (Lc 2,30-31) Il insiste sur le fait de voir. Le regard que nous portons est inspiré par Dieu seul. C'est sa sagesse qui nous ouvre les yeux. L'Esprit saint est révélé aux petits. Petits, ici, entendu dans le sens de ceux qui se font humbles et qui en demandent la grâce.
Ce que personne n'avait vu de ses yeux se déploie par la grâce de Dieu reçue en Jésus Christ à tous ceux qui ont la foi. Dieu n'est pas un magicien. Souvent nous le considérons ainsi. Nous ne pouvons pas nous défausser du service des autres, au prétexte que Dieu pourvoira. Le souci des autres est nécessaire pour le Royaume de Dieu.

VI.1. Donnez-leur vous-même à manger

Devant les besoins de notre monde, Dieu nous demande d'être attentifs pour apporter des solutions qui conviennent. Le récit de la multiplication des pains est très illustratif de cette réalité. La foule qui suivait Jésus est confrontée à la réalité douloureuse de la faim. Jésus a pitié de cette foule. Mais il n'ose pas descendre du pain du ciel pour la nourrir. Il la nourrit à partir du produit de la foule elle-même. Il multiplie les pains et les poissons offerts par la foule et demande aux disciples de distribuer autant qu'ils voulaient. Il fait un miracle à partir de ce que l'homme apporte.

Donnez-leur vous-mêmes à manger. L'homme est appelé à donner sa contribution à la régénération de l'humanité. Il doit co-créer, donc continuer à assumer cette responsabilité sur les autres vivants en leur donnant à manger. Il est invité à offrir sa solidarité et son entraide là où il y a famine, donc là où il y a besoin. C'est dans cette action de l'homme que Dieu vient accomplir plus. Chacun de nous est appelé à donner à manger à tous les affamés qu'il croise sur son chemin.
En rassasiant la foule par ce signe, Jésus anticipe le signe de l'Eucharistie où il se donne lui-même en nourriture. Il vient par l'Eucharistie assouvir notre faim de sa parole, notre faim de sa vie, notre faim d'humilité, de douceur et de patience, notre faim d'unité dans l'esprit par le lien de la paix. Laissons-nous nourrir de la vie de Dieu et de la charité de nos frères.

Le récit de Jean : la multiplication des pains Jn 6,1-15

« En ce temps-là, Jésus passa de l'autre côté de la mer de Galilée, le lac de Tibériade. Une grande foule le suivait, parce qu'elle avait vu les signes qu'il accomplissait sur les malades. Jésus gravit la montagne, et là, il était assis avec ses disciples. Or, la Pâque, la fête des Juifs, était proche. Jésus leva les yeux et vit qu'une foule nombreuse venait à lui. Il dit à Philippe : "Où pourrions-nous acheter du pain pour qu'ils aient à manger ? " Il disait cela pour le mettre à l'épreuve, car il savait bien, lui, ce qu'il allait faire. Philippe lui répondit : "Le salaire de deux cents journées ne suffirait pas pour que chacun reçoive un peu de pain. " Un de ses disciples, André, le frère de Simon-

Pierre, lui dit : "Il y a là un jeune garçon qui a cinq pains d'orge et deux poissons, mais qu'est-ce que cela pour tant de monde !" Jésus dit : "Faites asseoir les gens." Il y avait beaucoup d'herbe à cet endroit. Ils s'assirent donc, au nombre d'environ cinq mille hommes. Alors Jésus prit les pains et, après avoir rendu grâce, il les distribua aux convives ; il leur donna aussi du poisson, autant qu'ils en voulaient. Quand ils eurent mangé à leur faim, il dit à ses disciples : « Rassemblez les morceaux en surplus, pour que rien ne se perde. " Ils les rassemblèrent, et ils remplirent douze paniers avec les morceaux des cinq pains d'orge, restés en surplus pour ceux qui prenaient cette nourriture. À la vue du signe que Jésus avait accompli, les gens disaient : "C'est vraiment lui le Prophète annoncé, celui qui vient dans le monde. " Mais Jésus savait qu'ils allaient venir l'enlever pour faire de lui leur roi ; alors de nouveau il se retira dans la montagne, lui seul. »

Un jeune homme qui suit la foule a pris son pique-nique : juste cinq pains et deux poissons. C'était peut-être pour lui seul, ou il avait l'intention de partager avec un voisin. Tous les autres n'ont rien. Il est tout aussi fasciné par Jésus et par son discours. Lorsqu'on demande à tout le monde de s'asseoir sur l'herbe, il ne sait pas que c'est son pain qui allait nourrir toute la foule. Du peu qu'on a, Jésus fait des merveilles. On lui demande de donner sa nourriture, il la donne sans tergiverser. Il voit, au même moment que les autres, comment Jésus lève les yeux et rend grâce.

Jésus fait un miracle en multipliant ce pain. Ce jeune homme était indispensable pour la réalisation de ce miracle. Il rend grâce. On retrouve les paroles de l'Eucharistie ici : « Jésus prit les pains, et, après avoir rendu grâce, les leur distribua ». L'Eucharistie est le Christ livré pour nous dans son Corps et dans son Sang. C'est lui-même qui le dit : « Ceci est mon corps, ceci est mon Sang... Faites-cela en mémoire de moi ». Jésus dit les mêmes paroles et fait les mêmes gestes qui seront découverts à son dernier repas, celui qu'il prendra avec ses disciples avant la Passion.

C'est déjà l'Eucharistie. Les gens voient la bonté de Dieu qui inonde leurs vies. C'est ainsi que cette bonté envahira le monde à travers l'Eucharistie. Le nombre de ceux qui mangent est impressionnant. Ce que Dieu offre va au-delà de ce qui est attendu par les hommes. Dieu rassasie les humains jusqu'au-delà de leurs faims. On ramasse les restes de pain et on remplit douze paniers, afin que « rien ne soit perdu. » Voilà un signe que fait dire par la foule que Jésus est un grand prophète. Jésus n'est pas d'accord. Il se retire. La foule veut faire de Jésus le roi. Or, Jésus n'est pas un roi par les grands signes extraordinaires qu'il accomplit, il l'est comme un serviteur souffrant et crucifié. Sa royauté est celle de la connaissance de Dieu. Il nous entraîne dans la connaissance de celui qui l'a envoyé.

Jésus, se montrant attentif aux besoins humains, va nourrir une foule avec peu de choses, juste cinq pains et deux poissons. Chacun mange sans payer. Jésus offre par grâce et dans la gratuité. Ce signe de Jésus est une invitation à ne pas se préoccuper des biens matériels. L'essentiel est de s'ouvrir au don de Dieu.

Il faut bien le comprendre : Dieu ne demande pas de rester les bras ballants sans rien faire en attendant la manne du ciel. La question se pose au niveau de la relation, et du rapport aux choses. La dimension interpersonnelle doit venir avant les soucis matériels. Dieu déploie sa puis-

sance là où la relation aux autres se tisse dans la communion. Là où il y a l'unité et l'entente, c'est là que Dieu manifeste sa présence et offre ses prodigues.
La multiplication des pains pour nourrir l'humanité se concrétise aujourd'hui dans l'Eucharistie. Jésus fait un grand miracle à partir de cinq pains d'orge et de deux poissons. Ce geste est un signe. Il s'agit donc d'un geste inhabituel, mystérieux mais qui révèle une vérité.
La foule a donc faim, une faim d'abord physique et biologique, et ensuite une faim aussi spirituelle, faim donc du sens de la vie et faim de l'espérance. Elle a faim de Jésus. Et Jésus se donne à elle à travers le pain.
Le tout se passe sur la montagne, ce lieu par excellence de la rencontre avec Dieu. Cette montagne sert de scène. Elle fait revivre la montagne du Sinaï où Moïse, le grand prophète, a rencontré Dieu qui lui a remis la tablette de la loi comme source de vie pour son peuple. C'est là que le signe de l'Eucharistie se passe, c'est là que Jésus se donne en nourriture, tout en étant en communion avec son Père. Dieu se rend proche des gens par cette multiplication des pains. On le voit, comme lors de la descente de la manne, il porte le souci d'un peuple qui a faim et compatit à sa faiblesse.
Lorsque Jésus se donne dans l'Eucharistie, il manifeste pour nous sa tendresse et sa présence. Dans le Corps et le Sang du Christ, c'est Dieu le Père qui manifeste sa tendresse, une tendresse qui guérit et apaise. Devant cet amour de Dieu, manifesté en Jésus qui s'offre entièrement, le monde ne peut qu'être en émerveillement ; et devant la présence eucharistique permanente de Jésus parmi les hommes, le monde ne peut qu'être en adoration.

La multiplication des pains exprime une célébration du repas du Seigneur. La foule est rassasiée et il reste de quoi nourrir les absents. Les douze paniers remplis des restes rappellent que la nourriture eucharistique est inépuisable pour les croyants à venir.

Le fait de ramasser les restes nous oblige à ne pas piétiner les dons de Dieu. Ce qu'on a reçu de Dieu, il ne faut pas le jeter dans les poubelles de l'histoire. Il faut le conserver d'abord parce que c'est sacré, ensuite parce que d'autres pourraient en bénéficier.

Cette exigence du récit de la multiplication des pains nous interpelle encore plus, nous habitants de la planète terre de l'époque présente, comme le Pape François l'a rappelé dans son encyclique. Nous vivons dans une culture du déchet qui veut que nos poubelles soient remplies de repas, d'habits à porter et de plein d'autres objets nécessaires à la vie de nos contemporains. Elle nous oblige à réfléchir sur notre manière de partager les biens reçus de Dieu.

Jésus est saisi de pitié devant cette multitude. Il est l'image même d'un Dieu qui est pris de pitié face à son peuple souffrant. Il s'agit pour Jésus de porter une attitude divine.

Le récit de la multiplication des pains est un récit fondateur de la communauté ecclésiale. Il est parmi les textes qui ont façonné notre être chrétien, parmi les textes qui ont fait de nous des disciples, c'est-à-dire ceux qui ont le désir d'être nourris du pain qui rassasie et qui ont envie de participer au repas de Jésus sur la montagne.

Cet amour eucharistique est un amour toujours partagé. Il nous convoque par ce fait à des paroles et à des attitudes qui traduisent un vrai partage et qui redisent la communion. Celle-ci ne se vit pas seulement à la messe, elle est une convocation à vivre la mission dans la communauté des chrétiens.

Manger ensemble est une pratique familiale et sociale qui réunit les gens et leur donne le goût de l'unité. Quand un repas est partagé, il nourrit le sentiment d'appartenance et fait grandir la reconnaissance d'une communion.

Le récit de Luc : la multiplication des pains Lc 9,11b-17

« Jésus parlait du règne de Dieu à la foule, et il guérissait ceux qui en avaient besoin. Le jour commençait à baisser. Les Douze s'approchèrent de lui et lui dirent : "Renvoie cette foule, ils pourront aller dans les villages et les fermes des environs pour y loger et trouver de quoi manger : ici nous sommes dans un endroit désert." Mais il leur dit : "Donnez-leur vous-mêmes à manger." Ils répondirent : "Nous n'avons pas plus de cinq pains et deux poissons... à moins d'aller nous-mêmes acheter de la nourriture pour tout ce monde." Il y avait bien cinq mille hommes. Jésus dit à ses disciples : "Faites-les asseoir par groupes de cinquante." Ils obéirent et firent asseoir tout le monde. Jésus prit les cinq pains et les deux poissons, et, levant les yeux au ciel, il les bénit, les rompit et les donna à ses disciples pour qu'ils distribuent à tout le monde. Tous mangèrent à leur faim, et l'on ramassa les morceaux qui restaient : cela remplit douze paniers. »

Le récit de la multiplication des pains porte en lui une dimension eucharistique. Cela est aussi vrai chez Saint Jean comme chez Saint Luc. Cette multiplication des pains est une anticipation du repas du Seigneur célébré avant son départ vers le Père, mais aussi laissé aux soins de ceux qui le reconnaissent comme Seigneur en mémorial de lui. Pour Saint Luc, comme pour les autres évangélistes, ce qui est à mettre en avant dans ce texte, c'est d'abord le rôle des apôtres. Ce sont eux qui alertent Jésus. Ils s'aperçoivent que le jour baisse, et ils estiment selon leurs calculs que Jésus devait arrêter son enseignement et laisser partir la foule afin qu'elle aille trouver à manger dans les villages environnants.

Donc l'endroit est désert, le jour baisse et la foule est là. Les disciples s'inquiètent. Comment nourrir autant de monde ? La présence du Seigneur ne les rassure pas. Ils sont préoccupés par la nourriture qui remplit le ventre. Le Seigneur les laisse s'inquiéter parce qu'il sait que l'heure arrive de montrer au monde la puissance de Dieu. Les aspects instructifs de ce texte sont nombreux. D'abord retenons que les disciples ont eu peur lorsqu'ils voient la nuit tomber. Ils ne savent pas quoi faire avec une foule si nombreuse. Ils demandent au Seigneur de renvoyer la foule qui avait déjà écouté la parole et reçu des guérisons. L'Eucharistie n'est pas complète lorsqu'elle se limite seulement à la parole, il faut une deuxième partie, celle du partage du pain de vie.

Le Seigneur leur demande d'être solidaires de ces gens. Il provoque ses disciples en leur demandant : « Donnez-leur vous-mêmes à manger. » Ils sont dans l'incapacité de le faire. Ils estiment qu'ils ne peuvent même pas aller acheter de la nourriture pour autant de personnes. Mais ils ont une idée : ils pensent qu'en récoltant ce qui était peut-être apporté comme piquenique, ils arriveraient à quelque chose de consistant, mais leur moisson est bien

maigre : juste cinq pains et deux poissons. Et à partir de ces pains et de ces poissons qu'ils ont, Jésus rassasie tous ceux qui étaient présents sur cet endroit-désert.
Ces disciples vont vers Jésus avec le peu qu'ils ont. C'est à partir de ce peu que Jésus réalise des merveilles. De cette récolte maigre, Jésus produit un repas important. De ce repas, les gens mangent et il y a des restes. Quand le Christ se donne, il ne se laisse pas épuiser. Il est toujours là pour beaucoup et pour toujours. La vie de Jésus se multiplie en nous comme du pain donné en surabondance. Et quand il se donne, il veut être partagé avec les autres.
Les douze paniers sont ramassés, remplis des restes du pain. Pourtant les gens ont mangé et personne n'a plus faim. Ces douze paniers représentent ici l'apostolicité de l'Église qui vivra du Christ. Le miracle n'est pas fait seulement pour les 5000 hommes qui étaient là présents. Il est ouvert à d'autres et prend des dimensions universelles. À travers ce geste de la multiplication des pains, c'est plutôt le mystère de l'Eucharistie qui est déjà vécu. C'est le mystère du don de Dieu, que Dieu lui-même offre à l'humanité.
La foule qui suivait Jésus à cause de la faim va transformer sa faim de la nourriture pour le ventre en une autre faim, celle de la Parole de Dieu qui transforme, qui va au-delà d'un simple remplissage d'estomac. Cette foule est l'expression et l'image même d'une humanité assoiffée et affamée. Celle qui est à la recherche de la vie. Jésus se donne à son Père pour elle. Il se donne comme la nourriture véritable qui rassasie et la boisson éternelle qui désaltère.

Le récit de Mathieu : la multiplication des pains Mt 14,13-21 (Mc 6,43-44)

« *Jésus, voyant une grande foule de gens sur le bord du lac, fut saisi de pitié envers eux, parce qu'ils étaient comme des brebis sans berger. Alors il se mit à les instruire longuement. Déjà l'heure était avancée ; ses disciples s'étaient approchés et lui disaient : "L'endroit est désert et il est déjà tard. Renvoie-les, qu'ils aillent dans les fermes et les villages des environs s'acheter de quoi manger." Il leur répondit : "Donnez-leur vous-mêmes à manger." Ils répliquent : "Allons-nous dépenser le salaire de deux cents journées pour acheter du pain et leur donner à manger ? " Jésus leur demande : " Combien avez-vous de pains ? Allez voir. " S'étant informés, ils lui disent : "Cinq, et deux poissons." Il leur ordonna de les faire tous asseoir par groupes sur l'herbe verte. Ils s'assirent en rond par groupes de cent et de cinquante. Jésus prit les cinq pains et les deux poissons, et, levant les yeux au ciel, il prononça la bénédiction, rompit les pains, et il les donnait aux disciples pour qu'ils les distribuent. Il partagea aussi les deux poissons entre eux tous. Tous mangèrent à leur faim. Et l'on ramassa douze paniers pleins de morceaux de pain et de poisson. Ceux qui avaient mangé les pains étaient au nombre de cinq mille hommes.* »

Mathieu raconte ici le miracle de la multiplication des pains dont les éléments constitutifs sont similaires à ceux du miracle du prophète Élisée (2 Rois 4,42-44). Ce dernier, avec vingt pains, nourrit vingt personnes, tandis que Jésus, par cinq pains, rassasie cinq milles personnes sans compter les femmes et les enfants. Le miracle de Jésus est au-dessus de celui d'Élisée parce que, lui nourrit comme un messie, donc nourrit les gens à leur faim.

Dieu invite les gens au repas, à un festin délicieux. C'est là qu'il leur prouve sa bienveillance. Ici, Jésus est pris de compassion pour la foule. Il ne veut pas les renvoyer à jeun. Cette nourriture offerte est un signe de l'amour débordant du Seigneur. Il signifie seulement comment le Seigneur est toujours prêt de restaurer son Alliance avec les hommes. Il les invite toujours à son amitié qu'il veut, partagée.
Le souci de Jésus pour les ventres vides prouve son attention pour tout l'homme. Il soulage le corps souffrant, mais aussi l'affectivité blessée. Il remet l'homme dans la confiance, donc dans la foi.
Jésus associe l'homme à ce qu'il veut faire : « donnez-leur vous-même à manger ». Ce n'est pas aussi simple. La responsabilité est grande. Il faut s'y mettre. Mais Jésus connaît nos insuffisances. Le peu de notre vie, notre piètre contribution, lui suffit. Ce qui compte, en fait, c'est de lui montrer notre volonté de participer à son œuvre de salut. Nous sommes ainsi invités à participer au salut des autres, surtout des plus faibles et des plus fragiles, ceux qui ont faim. Nous devons prêter l'oreille à la misère autour de nous et dans le monde.
Jésus est plus fort que nous. Il sait faire plus à partir du peu que nous avons.

VI.2. Par l'Eucharistie l'homme est responsabilisé

Donner à manger à plus de cinq mille hommes provoque un gros souci chez les apôtres. Ils sont dépassés. Jésus en effet leur demande d'assumer leurs responsabilités jusqu'au bout. Il leur demande : « Donnez-leur vous-mêmes à manger. » Et pourtant, la présence de Jésus va résoudre le problème : tous vont manger et des restes remplissent douze paniers. La présence de Jésus transforme les soucis et les problèmes de l'homme. L'homme est ainsi appelé à devenir responsable de son frère dans le besoin, de son frère qui a faim. Et il peut bien remplir ce rôle en comptant sur Jésus.

Après la multiplication des pains, Jésus va leur confier la mission de distribuer la nourriture à la foule. À la fin, ils vont rassembler les restes. Les douze paniers étaient remplis. Par ce geste, ils accomplissent le rite liturgique qui veut qu'il ne faut rien jeter de ce qui ressort de la grâce et de la bénédiction du Seigneur.

Nous sommes invités par le Seigneur à donner aujourd'hui la nourriture aux foules en quête d'espérance. Nous avons le devoir de donner à manger aux autres, à tous ceux qui nous entourent et qui ont faim. Nous avons à nous faire nous-mêmes nourriture pour les autres.

« Donnez-leur vous-mêmes à manger. » Ces mots contiennent en eux toute la mission du disciple du Christ. Jésus fait l'inattendu devant cette nombreuse foule amassée devant lui dans un lieu désert. Les disciples, dans un esprit plein de réalisme, se soucient de ces gens qui vont avoir faim et qu'il est impossible de nourrir. Il trouve un raccourci dans leur recherche de solution : il faut les renvoyer dans les villages des environs afin qu'ils aillent se débrouiller.

Ils ne pensent pas qu'ils ont avec eux ce qui peut rendre l'impossible possible. Ils n'y songent pas. Et lui leur fait une grande surprise. Il va nourrir tout ce monde. Avec évi-

demment la participation si moindre soit-elle des apôtres. Il éprouve d'abord leur confiance, en leur demandant de donner la nourriture à la foule. Ils n'hésitent pas de dire leur incapacité de répondre à l'attente de la foule. Il tente de les convaincre, mais en vain.
Avec le peu que nous avons de notre humanité, Dieu fait beaucoup, il fait même l'impossible. Voilà que les disciples vont aller nourrir les gens en distribuant un repas obtenu grâce aux merveilles que la grâce de Dieu peut produire sur le peu que nous avons. Les disciples que nous sommes, perdons souvent le courage devant l'immensité du champ à moissonner. Nous oublions que le maître du champ, c'est bien lui. Il n'y a que le Christ qui est capable de nourrir les faims et abreuver les soifs de notre monde. Il est le seul qui puisse décupler et multiplier nos forces humaines pour résoudre les problèmes de notre monde. Si nous ne savons pas compter sur lui, nous ne pourrons rien.

VI.3. Dieu fait des miracles sur les efforts de l'homme

La multitude des pains au cœur du désert est geste prophétique par excellence. Le Christ donne à profusion, même quand la situation semble difficile et même impossible. Il ne demande qu'un geste de l'homme : avoir confiance en lui tout en apportant de son côté sa part si minime soit-elle. Qui aurait imaginé autant de choses dans un désert, ce lieu aride où on ne peut rien attendre, à partir d'un peu de pain et de quelques poissons seulement ?

L'homme doit d'abord montrer qu'il fait un effort sur deux plans : d'abord sur le plan matériel en faisant quelque chose pour sa vie, et ensuite sur le plan spirituel, c'est-à-dire en ayant confiance en Jésus toujours présent à ses côtés pour l'aider à faire l'impossible. C'est aussi le cas de la pêche miraculeuse.

La pêche miraculeuse : Lc 5,1-11

« Un jour, Jésus se trouvait au bord du lac de Génésareth et la foule se pressait autour de lui pour entendre la parole de Dieu. Il vit au bord du lac deux barques ; les pêcheurs en étaient descendus pour laver leurs filets. Il monta dans l'une de ces barques, qui appartenait à Simon, et il le pria de s'éloigner un peu du rivage. Puis il s'assit, et de la barque il enseignait la foule. Quand il eut fini de parler, il dit à Simon : "Avance là où l'eau est profonde et jetez vos filets pour pêcher." Simon lui répondit : "Maître, nous avons travaillé toute la nuit sans rien prendre ; mais sur ta parole, je jetterai les filets." Ils les jetèrent et prirent une grande quantité de poissons, et leurs filets se déchiraient. Ils firent signe à leurs compagnons qui étaient dans l'autre barque de venir les aider. Ils vinrent et remplirent les deux barques, au point qu'elles s'enfonçaient. Quand il vit cela, Simon Pierre tomba aux genoux de Jésus et dit : "Seigneur, éloigne-toi de moi, parce que je suis un homme pécheur." En effet, lui et tous ceux qui étaient avec lui étaient remplis de frayeur à cause de la pêche qu'ils avaient faite. Il en allait de même pour Jacques et Jean, les fils de Zébédée, les associés de Simon. Jésus dit à Simon : "N'aie pas peur, désormais tu seras pêcheur d'hommes." Alors ils ramenèrent les barques à terre, laissèrent tout et le suivirent. »

Après une nuit de travail infructueux, Pierre sous l'ordre du Seigneur jette les filets. Il est surpris de voir que son filet ploie sous le poids de poissons et il en est même effrayé. Au vu de ce qui lui arrive, il mesure sa petitesse, mais aussi son indignité, devant la grandeur de son maître. La Sainteté de Dieu le pousse à se rendre compte de son état de pécheur. La lumière de la présence de Jésus purifie son regard et le rend lucide.
Ce texte nous inspire l'attitude à adopter devant la manifestation de Dieu : c'est de reconnaître notre petitesse, de penser que Dieu, plus grand que nous, est le seul qui puisse nous aider quand nous pensons que la vie n'est qu'échec. Pierre découvre qu'il n'est pas digne d'être là face à Dieu lorsque le regard de Dieu s'empare de lui. Nous vivons cela profondément dans l'Eucharistie. Et aussi là, lorsque Dieu se manifeste à nous, nous ne pouvons pas nous retenir de dire : « C'est pour cela que je ne me suis pas jugé moi-même autorisé à venir jusqu'à toi ; mais dis un mot et que mon serviteur soit guéri. » (Lc 7,7)
Cette reconnaissance de notre petitesse nous ouvre à la grâce du Seigneur que nous recevons, non pas pour notre usage personnel, mais pour l'offrir au monde. Jésus l'a dit à Pierre : « Désormais, ce sont des hommes que tu prendras. » (Lc 5,10)
La pêche miraculeuse arrive après la prédication de Jésus. Il enseigne et son enseignement est accompagné des actes. Il y a d'un côté la parole, et d'un autre un signe concret. Le même récit est relaté différemment chez Luc et chez Jean. Jean compte les gros poissons, et il les chiffre à 153 gros poissons, alors que Luc ne donne pas cette précision. Luc parle des filets qui se déchiraient, alors pour Jean, mal-

gré le nombre de poissons, le filet ne se déchirait pas. D'autres différences sont remarquées chez Marc et Mathieu. Quelques critères expliquent ces différences : tout dépend de l'intention de l'auteur ; - il pense à son public auquel il destine le récit ; - il pense aussi au message qu'il veut donner sur la personnalité de Jésus. Jean place ce texte après la résurrection de Jésus et montre comment la communauté qui se forme s'agrandit en remplissant ses filets, tandis que pour Luc, ce texte relate quelque chose qui est arrivé au début du mystère de Jésus où, déjà, il confie une grande responsabilité à Pierre, en faisant de lui, un pécheur d'hommes.

VI.4. Le miracle de Dieu ne vient pas par lui-même : il appartient à l'homme de faire le pas

Voyant leur foi…Jésus répond à leur demande. Jésus use ici de sa liberté. Pendant qu'il enseigne, voilà qu'un brancard tombe au milieu de l'assemblée, il vient d'un toit béant, tout ouvert…on peut bien s'imaginer la stupeur, et même la désolation que cela peut créer dans l'assistance ! Au moment où certains accueillent ce qui arrive, d'autres paniquent et prennent la fuite dans une débandade ahurissante.
Le Seigneur, lui, ne prend pas la fuite. Il accueille. Il se calme et considère les efforts de ces gens. Il les prend très au sérieux. Ces efforts sont l'expression d'une foi profonde. S'ils n'avaient pas de foi, ils ne se seraient pas donné autant de peines. La foi est à la base de ce geste. Et Jésus apprécie en y donnant une réponse. Il guérit cet

homme. Et lui, par la joie reçue de la miséricorde de Jésus, se redresse. Lui, qui était perdu, est retrouvé, lui qui était mort dans son corps retrouve la vie. Jésus est lui-même la vie, il donne la vie et la distribue à qui la lui demande.

Jésus purifie le lépreux et guérit un paralysé : Lc 5,12-26 (Mc 2,1-12)

« Jésus était dans une ville quand survint un homme couvert de lèpre ; voyant Jésus, il tomba face contre terre et le supplia : "Seigneur, si tu le veux, tu peux me purifier." Jésus étendit la main et le toucha en disant : "Je le veux, sois purifié." À l'instant même, la lèpre le quitta. Alors Jésus lui ordonna de ne le dire à personne : "Va plutôt te montrer au prêtre et donne pour ta purification ce que Moïse a prescrit ; ce sera pour tous un témoignage." De plus en plus, on parlait de Jésus. De grandes foules accouraient pour l'entendre et se faire guérir de leurs maladies. Mais lui se retirait dans les endroits déserts, et il priait. Un jour que Jésus enseignait, il y avait dans l'assistance des pharisiens et des docteurs de la Loi, venus de tous les villages de Galilée et de Judée, ainsi que de Jérusalem ; et la puissance du Seigneur était à l'œuvre pour lui faire opérer des guérisons. Arrivent des gens, portant sur une civière un homme qui était paralysé ; ils cherchaient à le faire entrer pour le placer devant Jésus. Mais, ne voyant pas comment faire à cause de la foule, ils montèrent sur le toit et, en écartant les tuiles, ils le firent descendre avec sa civière en plein milieu devant Jésus. Voyant leur foi, il dit : "Homme, tes péchés te sont pardonnés." Les scribes et les pharisiens se mirent à raisonner : "Qui est-il celui-là ? Il dit des blasphèmes ! Qui donc peut pardonner les péchés, sinon Dieu seul ?" Mais Jésus, saisissant leurs pensées,

leur répondit : "Pourquoi ces pensées dans vos cœurs ? Qu'est-ce qui est le plus facile ? Dire : "Tes péchés te sont pardonnés", ou dire : "Lève-toi et marche" ? Eh bien ! Afin que vous sachiez que le Fils de l'homme a autorité sur la terre pour pardonner les péchés, – Jésus s'adressa à celui qui était paralysé – je te le dis, lève-toi, prends ta civière et retourne dans ta maison." À l'instant même, celui-ci se releva devant eux, il prit ce qui lui servait de lit et s'en alla dans sa maison en rendant gloire à Dieu. Tous furent saisis de stupeur et ils rendaient gloire à Dieu. Remplis de crainte, ils disaient : "Nous avons vu des choses extraordinaires aujourd'hui !" »

Jésus considère que ces gens ont une grande foi pour faire cela, une foi capable de soulever les faîtages des maisons pour aider un ami malade à tenter sa chance. Jésus est émerveillé devant ce qu'ils font et devant cette approche. Cette confiance doit être récompensée. Jésus, débordé par la miséricorde, accorde son pardon. Il réveille cet homme couché et le remet débout. « Je te l'ordonne, dit-il au paralysé : Lève-toi, prends ton brancard et rentre chez toi. »

L'histoire de la guérison du paralysé ou du paralytique se trouve ici chez Luc relaté avec celui de Jésus qui purifie le lépreux, alors que chez Marc ils ne sont pas ensemble. Luc met l'accent sur la foi des gens qui se sont donné beaucoup de peine pour ouvrir le toit de la maison afin que le Seigneur le relève, tandis que Marc insiste sur l'échange entre Jésus et les scribes. Jésus fait ce miracle pour montrer à ces scribes venus pour le contester qu'il a le pouvoir non seulement de pardonner les péchés, mais même de guérir cet homme de son infirmité physique. Il leur montre qu'il peut agir chez l'homme partout où l'âme et le corps sont ankylosés par le péché et par la maladie. Voyons ce que dit la suite du texte.

« Or, il y avait dans l'assistance quelques scribes qui raisonnaient en eux-mêmes : "Pourquoi cet homme parle-t-il ainsi ? Il blasphème. Qui donc peut pardonner les péchés, sinon Dieu seul ?" Saisissant aussitôt dans son esprit les raisonnements qu'ils faisaient, Jésus leur dit : "Pourquoi tenir de tels raisonnements ? Qu'est-ce qui est le plus facile ? De dire au paralysé : "Tes péchés sont pardonnés", ou bien de dire : "Lève-toi, prends ton brancard et marche" ? Eh bien ! Pour que vous sachiez que le Fils de l'homme a le pouvoir de pardonner les péchés sur la terre, je te l'ordonne, dit-il au paralysé, lève-toi, prends ton brancard et rentre chez toi." L'homme se leva, prit aussitôt son brancard, et sortit devant tout le monde. Tous étaient stupéfaits et rendaient gloire à Dieu, en disant : "Nous n'avons jamais rien vu de pareil." »

Comme les gens sont intelligents lorsqu'ils doivent trouver une solution à un problème, surtout lorsqu'ils se découvrent devant un grand obstacle, et presque une impasse. Il n'y avait pas moyen pour ces gens de manœuvrer un brancard au milieu de la foule. Ils trouvent que la seule issue était celle de faire un trou par le toit pour atteindre Jésus là où il se trouve. Cela leur demande beaucoup d'effort. Ils ne les ménagent pas. Ils hissent le corps jusqu'au toit, puis descendent délicatement le paralysé là où était Jésus. On peut s'imaginer comment les muscles ont travaillé, et comment la sueur a perlé aux fronts de ces quatre hommes.

La foi que traduisent ces efforts touche Jésus. Il va répondre à la détermination de ces brancardiers en guérissant le paralysé. L'homme va se relever. Il va quitter sa position d'horizontalité dépendante pour une verticalité active. Sa sortie de cette maison est comparable à la sortie d'un tombeau. Le Christ sort avec lui, tout vivant.

La position verticale représente dans la Bible, et dans la symbolique chrétienne, le signe de la résurrection. Le paralysé est debout. Il est relevé par le pardon que Jésus lui accorde. Il ressuscite parce qu'il a ouvert son cœur à Jésus, parce qu'il est désormais habité par l'Esprit du Seigneur. Il porte sa vie.

L'aveugle Bartimée crie pour être guéri : Mc 10,46-52

« Tandis que Jésus sortait de Jéricho avec ses disciples et une foule nombreuse, un mendiant aveugle, Bartimée, le fils de Timée, était assis au bord de la route. Apprenant que c'était Jésus de Nazareth, il se mit à crier : "Jésus, fils de David, aie pitié de moi !" Beaucoup de gens l'interpellaient vivement pour le faire taire, mais il criait de plus belle : "Fils de David, aie pitié de moi !" Jésus s'arrête et dit : "Appelez-le." On appelle donc l'aveugle, et on lui dit : "Confiance, lève-toi ; il t'appelle." L'aveugle jeta son manteau, bondit et courut vers Jésus. Jésus lui dit : "Que veux-tu que je fasse pour toi ? — Rabbouni, que je voie." Et Jésus lui dit : "Va, ta foi t'a sauvé." Aussitôt l'homme se mit à voir, et il suivait Jésus sur la route. »
Jésus monte à Jérusalem. En chemin, il passe par Jéricho. Vers la sortie de la ville, un aveugle mendiant l'interpelle au milieu de la foule. Il ne voit pas. Mais il a entendu parler de Jésus et il sait que c'est lui qui passe avec la foule. Il se met à crier. Les gens lui demandent de se taire, mais il crie de plus belle. Voilà que ce cri traverse toute la foule jusqu'aux oreilles du Seigneur. Dès qu'il a su que le maître l'appelait, il a jeté son manteau et s'est mis à courir en bondissant vers Jésus, c'est-à-dire et cer-

tainement en suivant le son de la voix de Jésus. On imagine la scène : il est peut-être ou sûrement très ému. Et lorsqu'il arrive là où se trouve Jésus, il se met à genou et lui présente sa supplication : « Rabbouni que je voie ! »
En effet, le terme Rabbouni se trouve employé deux fois dans les évangiles. Ici par Bartimée, mais aussi en Jn 20,16 par Marie Madeleine. Celle-ci voit Jésus et ne le reconnaît pas malgré tout l'amour qu'elle avait pour lui, tandis que Bartimée reconnaît Jésus, mais ne le voit pas. Marie demande à l'homme qu'il voit à la tombe : « Où as-tu mis son corps ? » Mais c'est lorsque cet homme l'interpelle, par son nom, que Marie Madeleine reconnaît son Seigneur.
La foi de Bartimée, comme la nôtre, trouve son accomplissement dans la ténacité, dans la persévérance. Elle peut être empêché de croître par les proches de Jésus, par l'Église et par les pasteurs, mais il nous appartient d'aller jusqu'au bout en passant outre les obstacles. La foi est dans le cri qui traverse les foules hostiles de rue pour aller jusqu'au Christ au milieu des hommes de bonne volonté.
Le premier appel qui rapproche Bartimée de Jésus est celui des gens autour de Jésus. Ce sont eux qui lui disent : « Confiance, lève-toi ; il t'appelle ». Bartimée ne va pas vers ces gens, mais sans détour et directement jusqu'à Jésus. Jésus passe par ses intermédiaires, les hommes, pour que nous arrivions à lui. Lorsque l'appel est entendu, ces médiateurs s'effacent et laissent la personne s'engager dans une relation personnelle et intime avec Dieu. Et ces passeurs peuvent se reconnaître serviteurs inutiles.

Cet aveugle ne voit pas la lumière du jour et n'arrive plus à participer aux joies de ses amis autour de lui. Il est mendiant, et les gens passent devant sans s'en occuper. Dans son malheur, il est tout seul et abandonné. Il apprend pourtant que Jésus passe, il lui crie son mal de vivre tout en lui disant sa confiance. Il l'interpelle donc par cette belle phrase : « Fils de David, Jésus prends pitié de moi ».
En appelant Jésus, Fils de David, cet aveugle a reconnu en Jésus le Messie, le roi des derniers temps tant attendus. On le fait taire. Les gens ne sont pas contents de sa profession de foi. Mais il ne se tait pas. La pression de la foule ne le fait pas fléchir.
Jésus voit dans la guérison de cet homme une occasion donnée par Dieu pour manifester sa gloire.
Jésus est touché par cette appellation et par cette prière. Il le convoque et l'incite à sortir de la tristesse et de la nuit, parce qu'en le rencontrant, lui, il avait rencontré la lumière. Bartimée avait croisé le chemin de l'espérance. Bartimée quitte son bord de route, pour suivre désormais Jésus. Le geste posé par Jésus est créateur. Jésus crée de nouveau cette personne.

Bartimée est un aveugle qui est en même temps mendiant. Il est présent dans le chemin de foi de tout baptisé, de tout disciple du Christ. Bartimée est lui-même une invitation pour tout disciple du Christ à reconsidérer sa démarche spirituelle.
On découvre dans ce récit tous les éléments fondateurs de l'initiation au baptême : il y a l'appel, la profession de foi, le vêtement, la lumière. Comme au baptême lorsque le prêtre demande « Que demandez-vous à l'Église de

Dieu ? », Jésus pose la même question à Bartimée : « que veux-tu que je fasse pour toi ? »
Comme pour Bartimée, Jésus est la lumière qui nous guérit de nos aveuglements. Bartimée devient un exemple pour tout celui qui veut suivre le Christ. Jésus nous trouve au bord de la route et nous appelle à une vie entièrement nouvelle. Il nous fait entrer dans un apprentissage afin de savoir comment voir le Seigneur, le voir dans une foi confiante.
L'aveugle Bartimée laisse tomber son manteau afin de bien bondir vers Jésus. Bartimée quitte son vêtement et suit Jésus sur son parcours vers Jérusalem. Ce récit pourrait nous proposer deux réflexions : d'abord que le salut commence par l'aveu personnel de notre aveuglement et par la reconnaissance de notre fragilité. Nous nous mettrons à la place de Bartimée, en pensant que nous sommes au bord d'une route, sans voir ceux qui y passent et ce qui s'y passe. Pourtant, nous avons le désir de prier et de rencontrer Jésus. Il nous manque une chose : c'est le courage de crier et de bondir comme cet aveugle pour aller vers le Christ, salut venu sur terre pour tout homme.
Ensuite, la communauté que nous rencontrons peut nous aider à voir le Christ, tout comme elle peut nous en dérouter. Il arrive que la communauté joue un rôle négatif dans notre avancement vers Jésus. Faisons comme Bartimée qui crie de plus belle. Soyons vigilent et persévérant pour arriver au but que nous poursuivons. Jésus qui voit le cœur de chacun et qui entend le cri de chacun, sait lui venir au secours. Nous sommes souvent tentés de nous laisser entrainer dans les dérives morales de notre société au lieu de prendre plutôt l'évangile, Jésus offert aux hommes, comme la seule boussole pour notre salut. Le discernement est nécessaire dans la vie.

En effet, du côté du Seigneur, on le voit, il se préoccupe du sort de tout celui qu'il croise sur son chemin. Dans l'évangile, on le remarque : il s'est intéressé à Zachée. Mais ici, il pose la question à Bartimée : Que veux-tu que je fasse pour toi ? À cette question capitale, les gens répondent différemment. Au moment où les réponses des fils de Zébédée visent des places de grandeur et de pouvoir en vue, celle de Bartimée est plutôt humble. Il demande à Jésus de lui rendre ce qui fait défaut pour qu'il vive en plénitude.
Bartimée veut Voir. La vue est un état de celui qui sait et qui voit où il va. Elle est synonyme de celui qui a découvert le bon chemin et qui a cessé d'être aveugle. Ce vrai chemin est celui de la foi et de la découverte de Jésus comme sauveur.
Le texte de Bartimée ressemble à celui de la guérison de l'aveugle de naissance (Jn 9,1-41), sur plusieurs éléments. La différence se trouve au niveau de la manière dont Jésus les guérit. Chez Bartimé, il le guérit par la parole, chez l'autre, le mélange de terre et de salive donne la glaise dont il recouvre les yeux. Cette terre avec laquelle Dieu avait formé l'homme à la création est présente. La salive de Jésus est une partie de son corps. Il participe à cette nouvelle création. Ses yeux s'ouvrent comme dans une résurrection au fils de Dieu.
Mais il demande à la personne concernée de faire une démarche personnelle afin que le geste et la parole de Jésus deviennent efficaces. On retrouve le rite de baptême dans cette démarche de foi : l'onction et une plongée dans l'eau. C'est donc toute démarche de la foi que suit l'aveugle : de sa cécité, il va vers la vision claire, et la confiance de la foi qui mandate comme témoin. Il

peut désormais annoncer celui qui lui a donné la vue le Fils de Dieu, venu illuminer sa vie tout entière.
Tous les textes qui parlent de la guérison d'un aveugle, comme celui de Bartimée (Mc 10,46-52), ou celui de l'aveugle qui retrouve la vue après le contact avec la boue faite de la salive de Jésus (Jn 9,1-41), disent le cheminement dans l'obscurité qui découvre la foi et la fidélité. Dans le dernier texte que nous venons de citer Jésus voudrait montrer que les Pharisiens qui cherchent à l'accuser sont de vrais aveugles. Celui qui est condamné pour sa cécité est libéré. Il peut désormais voir. Il retrouve le salut. Bartimée se sait exclu de la société, il est sur le bord du chemin. Il représente ici le peuple d'Israël dont les prophètes n'avaient jamais cessé de dénoncer l'aveuglement. (Ez 12 ; Jr 5). Eux, comme nous du Nouveau Testament, nous devrions prendre conscience de nos aveuglements pour pouvoir nous ouvrir et discerner la présence et l'action de Dieu en nous. Jésus vient nous ouvrir les yeux, surtout les yeux intérieurs.
La foule qui gronde et qui résiste symbolise ici la peur que nous avons de la nouveauté que Jésus introduit dans nos vies par la lecture toujours nouvelle de sa Parole, avec ses exigences. Laissons tomber les manteaux de nos misères pour courir vers Jésus, riche en amour et en bonté.

Le lépreux vient vers Jésus et lui demande de le guérir : Mc 1,40-41

« *Un lépreux vient trouver Jésus ; il tombe à ses genoux et le supplie : "Si tu veux, tu peux me purifier." Pris de pitié devant cet homme, Jésus étendit la main, le toucha et lui dit : "Je le veux, sois purifié." À l'instant même, sa lèpre le quitta et il fut purifié.* »

La foi de cet homme le sauve. Il sait que Jésus peut lui apporter quelque chose dans sa vie, dans sa maladie. Il s'avance, il crie, il demande. La lèpre est une maladie symboliquement chargée dans la tradition biblique. Elle est liée à la médisance comme le stipule le livre de Nombres 12. Elle est souvent montrée comme la plaie par excellence et le symbole du mal qui ronge l'homme à un niveau aussi bien existentiel que moral. Ailleurs dans la Bible, le serviteur souffrant qui porte les péchés de l'humanité est comparé à un lépreux (Is 53,4)

Avec cette maladie, on est confronté à tout ce qui détruit notre vie, celle des autres et celle de la communauté. Chacun de nous vit, ou a vécu, dans sa vie l'expérience d'une morsure destructrice de la vie, et cherche comment en guérir. Donc ce récit intéresse tout disciple du Christ. Il vaut la peine d'être médité. Les gestes de ce lépreux doivent nous rendre attentifs à beaucoup de choses dans notre cheminement spirituel.

Il faut prendre du temps pour reconnaître notre mal, celui qui fait souffrir. Ce qui exige beaucoup d'humilité afin d'interroger notre intérieur. Il n'y a que la contemplation de Jésus qui peut nous donner la force nécessaire pour entreprendre une telle démarche. Il y a dans ce cheminement la compassion, la présence de son cœur qui aime et sa volonté sur nous.

CHAP. VII. DIEU ATTEND NOTRE MERCI

Le Seigneur, plein de tendresse et également dispensateur des dons, attend toujours notre merci et notre reconnaissance. Il ne cherche pas la politesse. Son souci n'est pas d'apprendre à l'homme le savoir-vivre en société, comme nous pouvons le penser. Il demande une reconnaissance qui est un moment fort de la foi. Il s'agit donc d'une « re - connaissance. » Il est question de le connaître encore davantage en créant un lien qui nous associe à lui pour toujours.

L'action de grâce est un chemin par lequel l'homme entre dans la mouvance du Royaume qui consiste à tisser une relation avec un Dieu vivant. Un petit merci prononcé avec conviction devient révélateur d'une attitude fondamentale propice à se remettre sur la route du Seigneur qui est celle du salut.

Le texte des dix lépreux exprime avec une netteté remarquable ce souhait de reconnaissance exprimé par Dieu lorsque l'homme a été bénéficiaire d'un quelconque bien de sa part.

La guérison des dix lépreux : Lc 17, 11-19

« Jésus, marchant vers Jérusalem, traversait la Samarie et la Galilée. Comme il entrait dans un village, dix lépreux vinrent à sa rencontre. Ils s'arrêtèrent à distance et lui crièrent : "Jésus, maître, prends pitié de nous." En les voyant, Jésus leur dit : "Allez-vous montrer aux prêtres." En cours de route, ils furent purifiés. L'un d'eux, voyant qu'il était guéri, revint sur ses pas, en glorifiant Dieu à pleine voix. Il se jeta la face contre terre aux pieds de Jésus en lui rendant grâce. Or, c'était un Samaritain. Alors Jésus demanda : "Est-ce que tous les dix n'ont pas été purifiés ? Et les neuf autres, où sont-ils ? On ne les a pas vus revenir pour rendre gloire à Dieu ; il n'y a que cet étranger !" Jésus lui dit : "Relève-toi et va : ta foi t'a sauvé." »

Le Seigneur pose la question sans ambages et provoque : Où sont les autres ? Ne sont-ils pas guéris eux aussi ? Il n'y a que cet étranger qui vient dire merci.

Jésus marche vers Jérusalem. Il traverse la Samarie et la Galilée, deux villes méprisées par les Juifs de Jérusalem parce que leurs habitants ne suivent pas la loi telle qu'elle est prescrite par Moïse.

Les dix lépreux croisent le chemin du Seigneur. Cette rencontre change le cours de leur vie et de leur histoire. Un nouveau début s'amorce dans leur existence. Eux qui étaient considérés comme des gens répugnants, vont obtenir du Seigneur une réparation. Leur infirmité, considérée comme un châtiment divin, va obtenir de Jésus une autre considération.

La scène est bien construite. Ils ont appris que Jésus passe par là, et ils osent lui demander son aide. Ils crient :

« Jésus maître, prends pitié de nous. » Ils reconnaissent, en Jésus, un maître capable d'accomplir quelque chose pour eux.
Ils crient parce qu'ils ne peuvent pas s'approcher de la foule. Ils sont condamnés à vivre à l'écart de tout contact humain. Le Christ vient briser cette distance en les attirant vers lui. Par sa miséricorde, Dieu s'est lié à l'humanité en Jésus-Christ. Il a épousé l'humanité sans tenir compte de ses rides qu'ils soient de la lèpre ou d'une autre infirmité. Jésus leur demande d'aller se montrer aux prêtres. Son acte doit être authentifié par des témoins.
Ils sont guéris sur la route, parce qu'ils se sont montrés des hommes de foi. En obéissant à Jésus, ils ont prouvé qu'ils avaient une très grande foi en lui, qu'ils croyaient en sa puissance et en sa force. C'est ainsi que sur la route, ils se trouvent tous guéris.
Seul le samaritain revient sur ses pas, lui qui était frappé par une double malédiction : d'abord par sa maladie, et ensuite par son origine samaritaine, donc une hérétique. C'est lui, et lui seul, qui vient retrouver Jésus : « Il se jeta la face contre terre aux pieds de Jésus en lui rendant grâce. » Cet extrait de l'Évangile porte sur les chiffres. Il y a d'un côté neuf et de l'autre un. Tous les lépreux ont demandé ensemble et en toute confiance à Jésus de les guérir. Ils se sont mis aussi ensemble en route pour suivre la consigne qui avait été donnée, qui était celle d'aller se montrer au prêtre. Mais voilà qu'il n'y a qu'un seul qui revient sur ses pas pour remercier.
C'est en cours de route que ces dix lépreux sont guéris, alors qu'ils ne sont pas encore arrivés chez le prêtre, comme cela leur avait été ordonné. Ayant obéi à l'ordre

de Jésus tous ensemble, ils sont aussi guéris collectivement. Cela est signe du salut universel apporté par le Christ. La grâce de Dieu est donnée à l'Église, aux croyants rassemblés. Mais cela est géré d'une manière individuelle quant à la gratitude qui doit en suivre. La preuve est qu'il y en a un qui se détache du groupe et fait demi-tour en louant le Seigneur à pleine voix. Il revient sur ses pas et se jette aux pieds de Jésus en lui rendant grâce, donc en le remerciant. Il montre que son cœur est rempli de reconnaissance. Parce qu'il a retrouvé le bien qu'il avait perdu, donc sa santé, il rend grâce.

Cet homme reconnaissant pense d'abord au geste bienfaiteur de Jésus et veut lui dire sa gratitude. Sa relation à Jésus prime avant toute autre chose. Il n'est pas un profiteur qui se retire après avoir eu ce qu'il voulait. C'est plutôt une personne qui considère Jésus non pas par rapport à ce qu'il a reçu, mais par rapport à ce que Jésus représente pour lui, par rapport à ce qu'il est.

Cet homme est étranger, il est samaritain, comme Luc le note sans équivoque. Celui qui était considéré comme hérétique est celui qui revient sur ses pas pour manifester sa reconnaissance. C'est celui qui est sensé ne pas connaître Jésus, ne pas s'approcher de Jésus, lui qui est considéré comme un exclu et un étranger, qui devient l'exemple par son comportement plein de gratitude. Ceci est une occasion pour l'évangéliste de montrer que Jésus n'est pas venu seulement pour une tribu, mais pour le monde entier. Ceux qui ont tout reçu de Dieu s'en fichent. Être sauvé devient ici accueillir le don de Dieu en Jésus à travers une relation personnelle avec Dieu. Ce qui se manifeste dans une ouverture du cœur et un acte de reconnaissance.

Cette personne qui avait la lèpre glorifie le Seigneur. Son action de grâce signifie simplement la guérison fondamentale offerte à tout un chacun. La parole du Christ a donné naissance à la vie. Apprendre à redire les merveilles du Seigneur, voilà la mission même du disciple du Christ. Cet homme découvre la foi par ce contact avec Jésus, et il ne cache d'en faire montre. Jésus reconnaît sa foi, et lui dit : « Relève-toi et va : ta foi t'a sauvé. » Voilà une foi qui commence par un cri et qui s'affirme par une reconnaissance. La foi du Samaritain lui permet d'aller son chemin et de reconstruire sa vie avec la grâce reçue par Jésus dans sa guérison.

On le sait : les lépreux non seulement ont un corps qui se coupe en lambeaux, mais sont eux-mêmes coupés de tout lien social. Au temps de Jésus, un lépreux est même coupé de sa relation avec Dieu, parce que, pense-t-on, il est une conséquence du péché et du mal. C'est d'ailleurs pour cette raison qu'ils doivent aller se montrer aux prêtres.

Luc dit tout de suite l'identité de cet homme qui revient dire sa reconnaissance. Il est Samaritain, donc étranger. Jésus accordera désormais son salut, sa purification aux gens du monde entier qui l'accueille avec confiance et reconnaissance. Celui qui était considéré comme un païen est celui qui retrouve la source de la vie même. La guérison est une bonne chose, mais il ne faut pas s'arrêter. Il faut se relever et changer en profondeur.

Les neuf autres ne sont pas dans cette logique. Ils ne reconnaissent pas en Jésus le Messie attendu par Israël. Le seul qui l'aperçoit est un Samaritain, un étranger au courant religieux dominant. Ce qui montre déjà l'universalité du salut apporté par Jésus, le Christ. Ce qui signifie que l'appartenance à un courant religieux ne signifie rien de la reconnaissance du salut qui vient de Jésus, le Christ.

Jésus est méconnu par les siens. Cela a permis à Jésus de montrer que toute l'humanité est concernée par le salut qu'il apporte. L'Évangile sortira des murs de Jérusalem pour aller jusqu'en Samarie, en Galilée et dans le monde. Remercier Dieu est un acte qui fait partie de la foi. Il est une manifestation de reconnaissance qui renvient à Dieu comme source de tout bien. Par ce geste de prosternation, Jésus est placé en avant de l'acte qu'il vient de poser. C'est lui qui en est l'artisan. Cette reconnaissance est une foi en sa puissance et en sa divinité.

Souvent, nous demandons pas mal des choses au Seigneur dans la prière, et lorsque nous avons ces choses dans nos vies, nous pensons qu'elles sont le fruit de nos efforts personnels, nous ne nous souvenons plus du Seigneur, dispensateur des dons. Saint Paul n'exhorte-t-il pas Timothée avec ces mots : « Souviens-toi de Jésus-Christ. » ! Saint Paul demande que l'on ait la mémoire et que l'on se souvienne de la mort et de la résurrection que Jésus a connues pour nous. Nous devrions nous en souvenir à tout moment de notre vie : quand nous sommes éprouvés et usés par les soucis comme quand nous vivons des moments heureux.

Il ne s'agit pas de faire mémoire seulement, mais de vivre de la victoire de notre Seigneur, d'accueillir dans notre chair la puissance de la Résurrection qui nous libère du mal et de la mort. Saint Paul, convaincu de cela, supporte toutes les vicissitudes non seulement pour lui-même, mais aussi pour tous ceux dont il porte la charge pastorale.

Celui qui oublie de reconnaître l'œuvre du salut réalisé par Jésus, n'est pas en communion avec le Seigneur, il n'entre pas dans l'action eucharistique, celle d'action de grâce. Car celle suppose de faire mémoire des dons reçus et de la reconnaissance. Elle exprime l'élan du cœur porté par l'amour de Dieu et des frères. Elle est le lieu indiqué pour remercier le Seigneur du salut obtenu et lui dire notre désir de faire un avec lui dans la communion.

CHAP. VIII. LA COMTEMPLATION ET L'ACTION

Parmi les styles de vie religieuse qui se sont formés depuis le Moyen Âge dans la tradition chrétienne, on rencontre deux manières principales de vie : la vie active et la vie contemplative. Il y a eu et il y a encore à certains endroits des religieux qui consacrent leur vie entière à la prière dans des endroits cloitrés. Ils contemplent le Seigneur dans la prière et offre celle-ci au Seigneur pour eux-mêmes et pour le monde. Ils ne rencontrent pas directement le monde, mais ils sont au service du monde dans la prière. Ils prient pour le monde.

Dans le christianisme, prière et action, lutte et contemplation, intériorité et engagement sont indissociablement liés. Quand on veut être disciple du Christ, on doit certes prier, mais on doit aussi savoir prendre sa part dans la transformation du monde et dans la venue concrète du Royaume sur cette terre.

Au moment où ces moines et moniales assurent la permanence de la prière pour l'humanité tout entière, le reste des disciples du Christ s'adonnent au service de leurs frères. Il y a des religieux actifs qui s'engagent dans le service de la société et de l'Église, soit par la prédica-

tion, soit par des actes de charité plus concrets. Ils annoncent l'Évangile par le témoignage en vivant tous les jours hors les murs, avec les hommes et les femmes de nos sociétés là où ils sont. Ils sont invités à être lumières du monde et sel de la terre. L'important n'est pas d'être plus brouillant et plus agité que d'autres, ou non plus d'être trop encoconné dans la prière, l'important c'est d'apprendre à écouter Jésus et à mettre ce qu'il dit en pratique.
Deux textes du Nouveau Testament illustrent bien la cohabitation de ces deux réalités dans le vécu de la foi en Dieu par le Christ. Il y a le texte de Marthe et Marie, et aussi celui de la Transfiguration. Voyons en les relisant comment ces deux textes nous livrent la richesse de leur profondeur au sujet de l'action et de la contemplation comme deux facettes d'une seule monnaie.

VIII.1. La Transfiguration

Dans le texte de la transfiguration, les disciples avec le Seigneur sur la montagne vivent une vraie contemplation dans la lumière éblouissante. Cette expérience leur permet de voir et d'entendre des choses imperceptibles par les sens humains. Ils s'y sentent tellement bien qu'ils désirent y rester pour toujours. La Transfiguration est une expérience de la contemplation du Seigneur dans sa splendeur, dans sa blancheur, tel qu'il est. Elle est donc une expérience mystique. L'invisible y devient visible. Dieu se manifeste par la nuée et la blancheur dont il habille son Fils, tandis que Moïse et Élie font leur apparition.
Ils veulent dresser des tentes pour demeurer dans cette

contemplation, mais le Seigneur leur indique qu'il y a des frères et des sœurs qui attendent qu'ils aillent éprouver leur amour en vivant avec eux et en se mettant à leur service, avec la force reçue par cette rencontre personnelle avec le Seigneur. C'est dans la vie quotidienne, en bas et au pied de la montagne que tous les autres les attendent dans la pratique, l'action quotidienne et le témoignage. L'expérience de la Transfiguration introduit ainsi l'humanité dans une démarche spirituelle où Dieu est lié à l'homme par un contact direct et profond. Ce contact lui permet d'aller vers son frère en humanité pour lui transmettre la lueur de l'amour reçue de Dieu. Voyons comment cela nous est révélé par les trois évangélistes synoptiques, Mathieu, Marc et Luc.

La Transfiguration selon Saint Mathieu : Mt 17,1-9

Cette lumière inattendue qui recouvre Jésus révèle la grâce de Dieu qui vient couvrir le monde. Dieu qui vient à la rencontre de l'humanité. Celle-ci peut désormais immerger dans la promesse nouvelle, celle de l'amour du Père. La Parole de Dieu, la Parole de Jésus peut dorénavant porter une consistance et une profondeur nouvelles. Les vêtements éblouissants de Jésus renvoient à un monde céleste. La couleur blanche est la couleur de Dieu qui est lumière et qui s'oppose à ce qui est obscur et ténèbre. Moïse représente la loi, et Élie est le prophète des prophètes. Tous les deux, Moïse et Élie, symbolisent l'Écriture car elle était appelée : La Loi et les Prophètes. La nuée accompagne les manifestations de Dieu.

« Celui-ci est mon Fils, celui que j'ai choisi : écoutez-le ! » Cette voix qui venait du Ciel est celle de Dieu, le Père. Elle témoigne la confiance que Dieu voue à son Fils et recommande celui-ci aux disciples présents, et par eux à toute l'humanité, surtout à ceux qui ont la bonne volonté de suivre son Fils Jésus. Les disciples ne pouvaient plus rester confortablement à attendre dans des tentes. Ils doivent descendre de la montagne avec Jésus pour l'accompagner, le suivre et l'écouter jusqu'au bout, jusqu'à la croix.

« *Jésus prend avec lui Pierre, Jacques et Jean son frère, et il les emmène à l'écart, sur une haute montagne. Il est transfiguré devant eux ; son visage devient brillant comme le soleil, et ses vêtements, blancs comme la lumière. Alors Moïse et le prophète Élie apparaissent et discutent avec Jésus. Pierre prend la parole et dit à Jésus : "Seigneur, quelle joie d'être là ! Si tu le veux, je vais dresser ici trois tentes, une pour toi, une pour Moïse et une pour Élie." Il parlait encore, lorsqu'une nuée lumineuse les couvre de son ombre ; et, de la nuée, une voix disait : "Celui-ci est mon Fils bien-aimé, en qui j'ai mis tout mon amour ; écoutez-le !" Entendant cela, les disciples tombent la face contre terre et sont saisis d'une grande frayeur. Jésus s'approche, les touche et leur dit : "Relevez-vous et n'ayez pas peur !" Levant les yeux, ils ne voient plus que Jésus seul. En descendant de la montagne, Jésus leur donne cet ordre : "Ne parlez de cette vision à personne, avant que je ne ressuscite d'entre les morts."* »

Pierre demande d'installer des tentes. Il refuse de descendre dans la plaine de ses doutes et de ses désespérances. Il goûte déjà à la saveur de l'élévation. Avec les autres, ils ont savouré le bonheur de la hauteur. Mais Jésus n'est pas d'accord avec eux. Il pense autrement. Ce moment est un temps de ressourcement pour aller vivre avec nos frères et sœurs dans cette plaine. Ce moment est une boussole dans la nuit humaine pour indiquer la bonne direction dans la vie quotidienne. La foi est donnée pour la vie, et pas pour les éblouissements de la crête. La blancheur est l'éclat de Dieu ; la présence de Moïse et d'Élie montre que Jésus est en cohérence avec les Écritures ; les disciples n'ont qu'une chose à faire : écouter celui qui vient du Père et aller en témoigner dans le monde.

Pierre est fasciné par la gloire du Seigneur qui se révèle devant ses yeux. Il voit, avec les autres disciples Jacques et Jean, le Seigneur tout transfiguré et tout brillant de lumière et de gloire. Jésus a le visage d'un ressuscité avant l'heure. Il est habité par son Père et par l'Esprit qui le changent. Il annonce par ce fait sa souffrance et sa mort, et déjà aussi sa résurrection.

Dieu se manifeste par sa voix et par les signes innombrables comme la blancheur et la nuée. Ce texte de la transfiguration livre une ambiance apocalyptique par la manière dont il décrit la scène : au sommet de la montagne, une lumière éclatante, une voix qui sort du ciel et des nuages, l'apparition des personnages du passé etc. Dieu veut parler aux hommes.

C'est dans cette ambiance que le mystère de Jésus se dévoile par la révélation du Père. Le Père témoigne et le présente comme son Fils bien aimé. L'Esprit le révèle Messie, l'envoyé de Dieu reconnu par Moïse et les prophètes. La présence de Moïse et d'Élie certifie que Jésus s'inscrit dans la longue histoire de la révélation de Dieu à son peuple. Moïse et Élie résument les Écritures : la Loi et les Prophètes. On retrouve ici l'expérience que

Moïse lui-même a vécu au Sinaï où il y avait l'éclat, les éclairs, la nuée, et où Dieu avait parlé par le biais de la loi. Et comme au Sinaï, la plus haute montagne, voilà que Moïse est de nouveau présent. Mais il n'est pas seul : il y a aussi Élie. Celui-ci inaugure toujours la venue des temps nouveaux de Dieu.
Donc Moïse et Élie viennent tous deux témoigner que Jésus vient accomplir les Écritures. C'est bien de lui qu'ont parlé les prophètes. Le dialogue entre Jésus et ces personnages montre combien Jésus occupe une place centrale dans cette histoire de la révélation. Eux, ils sont là pour lui rendre témoignage. Et tout cela est encore ratifié par la voix venue du Ciel.
Les disciples comprennent que tout était convainquant pour suivre le Christ jusqu'au bout. Cette transfiguration inaugurait un lien fort entre eux et Dieu, et fondait par le fait même une intimité profonde et authentique entre eux et leur Dieu. Cela suffit pour Pierre qui n'imagine pas plus de gloire que cela. Il veut y rester, et souhaite s'installer sur cette montagne. Il veut prolonger la théophanie qui vient de se produire.
Cela ne se fera pas comme il souhaite parce qu'il devra descendre avec les autres dans la plaine. Ils y vont pour vivre simplement en attendant la mort et la résurrection. C'est après la défiguration de la croix et la gloire de la résurrection d'ailleurs qu'ils se sont tous souvenus de cette expérience de la Transfiguration. Ce que Pierre a vécu nous renvoie à nos expériences personnelles dans la prière, dans nos oraisons, dans nos expériences mystiques d'union intime avec le Seigneur. C'est par cette contemplation que le Seigneur nous associe à sa gloire et nous transfigure.

La contemplation renvoie à l'action, et les deux sont tellement unies que l'une ne peut pas aller sans l'autre. Il existe une espèce de trait d'union qui unit la foi, la liturgie et notre action quotidienne visible par la charité envers nos frères et sœurs.
Que ce soit par la prière, par la contemplation ou par l'oraison, lorsque nous avons rencontré Dieu dans une intimité profonde et lorsque nous avons reçu, par ce contact sa grâce et son amour, nous avons le devoir de les apporter aux autres. C'est tout le sens de la descente de la montagne par les disciples. Nos actes doivent être dirigés vers le monde, vers nos frères et nos sœurs. Ce serait notre manière de participer à la transformation définitive inaugurée par Jésus transfiguré.

La Transfiguration selon Saint Marc : Mc 9,2-10

L'évènement de la Transfiguration est fondateur de notre foi. On y trouve surtout la Révélation de la divinité de Jésus capable d'engloutir la mort. Les disciples sont témoins de cet événement pour ne pas tomber dans la tentation de ne pas comprendre la croix de Jésus. Il y avait un risque qu'ils ne comprennent pas le scandale de la croix qui pouvait remettre en question toute leur foi en Dieu et en son Fils, Jésus notre Seigneur.
Pierre aurait voulu installer des tentes pour prolonger l'expérience qu'il venait de vivre avec d'autres disciples. Ils avaient atteint un tel sommet de spiritualité et de relation avec le Très-Haut que Pierre, qui était déçu par l'annonce de la passion et de la mort de Jésus, a dû

ensuite tout changer pour trouver ces moments de révélation très confortables.
Pierre s'enferme dans cette situation au point où Jésus a pu dire non à son projet de s'installer là-bas. Il voulait rester dans un égoïsme fait de possessivité et de peur, au lieu de s'ouvrir au dessein de Dieu. Il était dans la tentation de retenir le Seigneur. Le Seigneur lui montre qu'il faut plutôt le suivre en allant plus loin là où Dieu envoie.
« Jésus prend avec lui Pierre, Jacques et Jean, et les emmène, eux seuls, à l'écart sur une haute montagne. Et il fut transfiguré devant eux. Ses vêtements devinrent resplendissants, d'une blancheur telle que personne sur terre ne peut obtenir une blancheur pareille. Élie leur apparut avec Moïse, et ils s'entretenaient avec Jésus. Pierre alors prend la parole et dit à Jésus : "Rabbi, il est heureux que nous soyons ici ! Dressons donc trois tentes : une pour toi, une pour Moïse et une pour Élie." De fait, il ne savait que dire, tant était grande leur frayeur. Survint une nuée qui les couvrit de son ombre, et de la nuée une voix se fit entendre : "Celui-ci est mon Fils bien-aimé. Écoutez-le." Soudain, regardant tout autour, ils ne virent plus que Jésus seul avec eux. En descendant de la montagne, Jésus leur défendit de ne raconter à personne ce qu'ils avaient vu, avant que le Fils de l'homme soit ressuscité d'entre les morts. Et ils restèrent fermement attachés à cette consigne, tout en se demandant entre eux ce que voulait dire : "ressusciter d'entre les morts." »
Le récit de la Transfiguration survient dans un contexte de la croix et de la mort. Jésus veut des témoins. Il va sur la montagne, le lieu de la Révélation avec quelques-uns de ses disciples. Ce lieu lui est familier parce que c'est là qu'il va parler souvent à son Père. La montagne est ce lieu où il faut de temps en temps aller pour goûter à certaines aurores qui renouvellent nos matins. Il faut de

temps en temps fuir le vacarme des plaines pour se ressourcer au souffle et au silence de la hauteur. Jésus utilise souvent ce cadre pour parler non seulement à son Père, mais aussi pour parler aux foules. L'endroit semble propice à l'intériorisation.

Cette fois-ci, il choisit trois de ses disciples : Pierre, Jacques et Jean qui vont avoir un rôle spécial parmi ceux qui sont restés en bas de la montagne. Mais il y a aussi des témoins de l'Ancien Testament. Jésus est transfiguré devant eux. C'est l'occasion pour lui d'affirmer sa seigneurie et son appartenance à son Père. Ces apôtres sont au centre de cet événement parce que c'est pour eux que tout arrive : que ce soit la transfiguration elle-même, ou la voix qui vient du Ciel, elles sont destinées à leur faire comprendre l'identité de Jésus et leur révéler la nature de Fils de Dieu de Jésus.

Pierre est un homme d'une grande frayeur. Il veut rester dans cette sécurité qui le met à l'aise. Pierre, Jacques et Jean : Pierre représente les institutions de l'Église, tandis que Jacques est le frère qui fait penser aux relations familiales et biologiques, tandis que Jean est le disciple de l'amour. Ils sont tous témoins privilégiés de la foi au Seigneur. Ils ont vu la blancheur qui laissera la place à la nuée. Le signe de la blancheur signifie simplement que Jésus de Nazareth vient de Dieu puisqu'il est vêtu de la couleur qu'on ne trouve nulle part dans ce monde.

La lumière, celle de Dieu qui se révèle est là. Elle est pareille à la colonne lumineuse qui guidait le peuple pour sortir d'Égypte, comme la lumière qui a brillé dans la nuit de la captivité. Cette lumière que les apôtres perçoivent anticipe la lumière de la résurrection, d'un Christ vivant pour toujours, et à jamais présent dans la vie des hommes.

La haute montagne fait penser au Sinaï, la montagne où Dieu se révèle à son peuple. La nuée est le lieu de cette révélation, une nuée qui avait accompagné ce peuple dans l'exode. Si Dieu leur demande d'écouter son Fils bien aimé, ce n'était pas pour eux seuls, c'est pour aller en témoigner dans la communauté des croyants.
Les disciples de Jésus assistent à ce dialogue très étrange entre Jésus, Moïse et Élie. Jésus est transfiguré. Il ne change pas de nature, mais la transfiguration manifeste sa vraie identité. Dieu montre à travers le visage de Jésus transfiguré, son visage de Père.
Jésus vient du Père. Il s'inscrit dans l'histoire de la révélation de Dieu aux hommes. Il se passe lors de cette Transfiguration la rencontre du temps, la rencontre du passé et du présent, la rencontre entre l'Ancien Testament et le Nouveau Testament, donc entre l'Ancienne et la Nouvelle Alliance.
Dieu livre son récit, celle de sa fidélité entre lui et l'homme, à travers les âges. Moïse représente la Loi et l'Alliance scellée entre Dieu et les hommes ; et Élie fait penser à la restauration de l'Alliance. Il est celui qui dit comment quand le peuple s'égare, Dieu reste toujours fidèle à sa promesse.
La Transfiguration nous rappelle tout ce que l'histoire a connu de la présence de Dieu au milieu de son peuple. Jésus devient le nouveau Moïse et le nouvel Élie à la fois. Il les représente et les dépasse en même temps. Il est le Fils bien aimé qu'on doit écouter.
La lumière a ébloui les apôtres, et ils ont eu peur dans un premier temps. Jésus les relève de cette peur et saisit l'occasion pour leur montrer que le moment était venu afin que s'accomplissent les Écritures, aussi bien les prophètes que

la Loi. Jésus dit son début et sa fin. Son début c'est cette inscription dans la lignée de l'histoire de Dieu avec son peuple et la fin se traduit par cette annonce à travers la nuée. Jésus montre en fait qu'il a une place dans l'histoire du salut. Élie et Moïse en témoignent par leur présence.
Jésus annonce sa mort et anticipe la résurrection. Pâques est au centre de cet événement car Jésus vient accomplir le nouvel Exode, ce qui explique entre autres la présence de Moïse à cet endroit. La nuée présente est comme celle de l'Exode qui signifiait la présence de Dieu parmi son peuple. Jésus devient ici la présence même de Dieu parmi les hommes. Il est un don de Dieu qui vient relever l'humanité. Mais cette proximité de Dieu avec les hommes est tellement belle et agréable que Pierre décide de dresser trois tentes afin que dure à jamais cette vision d'éternité. Lorsqu'on entre dans l'amitié et l'intimité du Christ, on se laisse saisir entièrement par l'amour jusqu'au don de soi.
Les disciples de Jésus présents sur la montagne vivent pendant ce moment de la Transfiguration une expérience spirituelle qui les marquera pour longtemps, une expérience de bonheur selon la présentation de Pierre, une expérience de l'indicible qui reçoit l'interdiction de leur Maître d'en parler, une expérience de révélation car leur Maître devient le Fils bien aimé du Père. Le secret messianique, très caractéristique de Marc fait la différence ici avec les autres évangélistes. Pourtant, ce silence ne signifie pas la fin de cette expérience. Au contraire, Jésus doit continuer et achever sa mission, celle d'annoncer le Royaume de Dieu présent dans l'humanité. C'est ainsi que son Père demande qu'il soit écouté ; et les disciples comprennent doucement que leur marche ne fait que commencer. Elle doit se poursuivre.

La Transfiguration selon Saint Luc : Lc 9,28-36

La Transfiguration nous indique le chemin de l'Église, qui est celui de la conversion et du retour à Dieu. Il ne faut pas s'installer dans ce qui semble nous plaire, il faut aller là où Dieu nous appelle à rencontrer nos frères pour vivre avec eux la vérité de la révélation de Jésus Fils de Dieu, celui que nous devrions écouter.
Il nous faut descendre de la montagne pour recevoir la vie et partager la lumière que nous avons reçue là-haut. Le Chrétien est un missionnaire, il est un pèlerin. Il doit bouger. Il n'est pas statique, il est mobile. Il va vers les autres pour leur dire et leur montrer son amour. L'avenir du disciple du Christ est celui qui consiste à aller sur la montagne, mais à ne pas s'y installer, car il a toujours déjà le devoir de descendre de la montagne.
Jésus choisit ces trois disciples pour qu'ils découvrent la réalité de la révélation de Dieu. Il veut que ces trois changent leur vision de sa personne même, et lorsqu'ils auront vécu cette expérience de conversion, qu'ils descendent de la montagne pour en être témoins au milieu des autres.
« *Environ huit jours après avoir dit ces paroles, Jésus prit avec lui Pierre, Jean et Jacques, et il monta sur la montagne pour prier. Pendant qu'il priait, l'aspect de son visage changea et son vêtement devint d'une blancheur éclatante. Et voici que deux hommes s'entretenaient avec lui : c'étaient Moïse et Élie ; apparaissant dans la gloire, ils parlaient de son prochain départ qui allait s'accomplir à Jérusalem. Pierre et ses compagnons étaient accablés de sommeil mais, restés éveillés, ils virent la gloire de Jésus et les deux hommes qui étaient avec lui. Au moment où ces hommes se séparaient de Jésus, Pierre*

lui dit : "Maître, il est bon que nous soyons ici. Faisons trois abris : un pour toi, un pour Moïse et un pour Élie." Il ne savait pas ce qu'il disait. Il parlait encore quand une nuée vint les couvrir ; les disciples furent saisis de frayeur en les voyant disparaître dans la nuée. Et de la nuée sortit une voix qui dit : "Celui-ci est mon Fils bien-aimé : écoutez-le !" Quand la voix se fit entendre, Jésus se retrouva seul. Les disciples gardèrent le silence et, à cette époque-là, ils ne racontèrent rien à personne de ce qu'ils avaient vu. »

Jésus prend avec lui des témoins pour que ce moment soit immortalisé. Pierre, Jean et Jacques accompagnent le Seigneur sur la montagne pour que ce moment de bonheur garde une trace. Pierre va réagir d'ailleurs dans ce sens en demandant à Jésus de dresser les tentes afin de laisser durer cet instant. Les disciples vivent l'expérience de la joie d'être avec Dieu.

Ce moment est marqué par deux annonces : une annonce de la passion et une annonce de la gloire. À propos de la passion, Jésus fait une déclaration douloureuse : « Le Fils de l'homme doit souffrir beaucoup, être rejeté par les anciens, les grands prêtres et les scribes, être tué et, le troisième jour, ressusciter. » (Lc 9,22.44). Jésus regarde l'avenir avec sérénité. Il affronte ce qui lui arrive avec détermination et ne se dérobe pas de sa mission qu'il veut accomplir jusqu'au bout. L'annonce de la gloire vient de Dieu le Père qui témoigne de la confiance totale à son fils : « Celui-ci est mon Fils, celui que j'ai choisi, écoutez-le. » Jésus manifeste la gloire de son Père et prolonge cette gloire dans son action. À travers l'identité de Fils bien aimé en qui Dieu le Père a mis tout son amour, qui est révélé ici, c'est en fait Dieu qui se donne à l'homme par le biais de son Fils Jésus, en devenant lui-même homme.

Ce moment que Jésus passe avec ses disciples sur la montagne est un temps d'une contemplation profonde qui représente les instants de prière qui nous procurent la force intérieure pour assumer absolument le réel. C'est un lieu où l'on ressent un avant-goût de l'éternité. Nous le vivons comme un faisceau de lumière qui illumine notre existence et nous permet d'affronter la vie sans peur. Il nous met en confiance et nous rassure. L'expérience de la rencontre même de Dieu, de son écoute, remet le disciple sur le chemin de son Maître. Dieu dévoile ici son mystère. La rencontre avec Dieu est toujours un rendez-vous de vie, de solitude et de révélation. On retrouve dans le signe de la Transfiguration, tous les éléments bibliques de la présence de Dieu : la nuée, la voix, la lumière. On trouve aussi les deux lieux de la rencontre de Dieu que sont la montagne et la tente. On peut découvrir ces éléments dans le récit de la marche du peuple d'Israël au désert.

La montagne est le lieu saint où Dieu se donne, se transmet et se communique. Il faut monter sur la montagne pour goûter des émanations du monde et des passions humaines, pour respirer l'air pur. Quand on est sur la montagne, on peut voir plus loin. Jésus avait l'habitude d'aller sur la montagne pour y causer avec son Dieu. Il s'élevait souvent pour être avec son Père et pour avoir un regard sur le monde qu'il aime. Même le signe de sa présence sur la Croix le dit autrement.

La montagne, surtout dans l'Ancien Testament, Sinaï ou Horeb, est l'endroit de la rencontre de Dieu, c'est là que Dieu se révèle et descend du ciel. Souvent quand il se révèle ainsi c'est pour sceller son Alliance avec le peuple et lui donner sa Loi, lui donner un commandement, lui indiquer comment vivre et se comporter.

Cette fois-ci, il est sur la montagne pour y être transfiguré. Son visage devient tout autre, ses vêtements deviennent éblouissants. Moïse et Élie s'ajoutent au décor. Ils sont témoins d'une longue histoire qui s'inscrit désormais dans la tradition du peuple juif et des croyants du monde entier. Mais ils sont là aussi pour attester que l'Écriture s'accomplit en la personne de Jésus, comme Messie annoncé dans l'Ancien Testament.
Cela provoque des émotions qui peuvent aller jusqu'à la peur, donc à la frayeur. Mais c'est le contraire qui se produit : Pierre et les autres apôtres se sentent tellement bien dans cette situation qu'il demande de planter des tentes. Ils basculent du côté de la confiance. Ils comprennent que la voix du ciel venait les mettre en confiance, que la présence des anciens venait donner de l'autorité à Jésus au point où il n'était plus facile de le quitter. Sa présence devenait rassurante.
La gloire de Jésus, jusque-là cachée, se trouve dévoilée à trois de ses disciples. Une nuée les prend sous son ombre, comme celle qui cachait et sauvait Israël pendant l'Exode. Une voix vient du Ciel et se fait entendre pour confirmer l'élection déjà annoncée au baptême dans le Jourdain. Le vêtement de Jésus prend une blancheur telle qu'elle n'a jamais été vue annonce déjà la Résurrection, avec le tombeau vide où les femmes se rendent de bonne heure et rencontrent un jeune homme vêtu de blanc.
Tout est fait pour que les disciples soient témoins et en témoignent après. Ils sont témoins non seulement du décor et de la belle scène avec des personnages de l'Ancien Testament, mais aussi et surtout de la voix qui vient du ciel et qui certifie que « Celui-ci est mon Fils bien

aimé : écoutez-le ! » La voix ne témoigne pas seulement de ce Jésus comme Fils de Dieu, elle fait une recommandation, et donne un commandement en utilisant même l'impératif : écoutez-le.

C'est un bonheur d'entendre Dieu lui-même qui parle. Les disciples vivent une expérience mystique exceptionnelle et unique. Ils veulent en tirer tous les fruits en voulant qu'elle dure.

Pierre demande de dresser trois tentes afin d'éterniser cette action et cette ambiance. Mais, voilà qu'il faudrait redescendre dans la vie de tous les jours. Car c'est dans cette vie que nous pouvons découvrir le visage du Christ. C'est là que l'amour du Christ reçu dans l'éblouissement sera éprouvé. Ce message devrait parler aux sectes religieuses africaines qui prennent en otage leurs adeptes, les obligeant de rester dans les hangars chantant et dansant, du matin au soir et du soir au matin, jusqu'à oublier que le Seigneur leur demande de prendre un temps pour lui, mais aussi d'aller travailler pour leur survie et celle de leurs frères et sœurs.

La Transfiguration est le résumé de l'itinéraire de Jésus durant sa vie terrestre. Cet itinéraire sera celui de la manifestation publique, de l'engendrement à sa mission pendant son baptême et de sa Résurrection. Ce résumé récapitule aussi notre cheminement humain : nous sommes nous aussi les enfants bien aimés du Père, appelés à vivre à sa ressemblance, promis à la Résurrection.

VIII.2. Marthe et Marie

Marthe et Marie représentent ce que, traditionnellement, on a appelé les deux formes de vie consacrée au Seigneur : l'actif et le contemplatif. Cependant dans l'histoire du christianisme, nos ainés dans la foi ont compris que l'une ne peut exister sans l'autre. La contemplation ne s'oppose pas à l'action. On ne peut pas abandonner les rives du quotidien pour faire l'expérience de l'irruption de Dieu dans notre vie. Au lendemain de la Résurrection, Pierre et les autres apôtres reprennent leurs métiers de pêcheur. Ils doivent vivre et faire vivre leurs familles, ils doivent subvenir à leurs besoins primaires et domestiques. Le travail leur assure des liens sociaux, des joies de l'existence et tout ce qui garantit le développement de l'humain.

Le Christ ne refuse pas que l'on travaille pour vivre, au contraire il vient rejoindre l'homme là où il travaille, comme il le fait pour les disciples. Il vient les rejoindre au cœur de leur labeur fructueux de pêcheurs. La vie de tous les jours avec ses exigences professionnelles ne s'oppose en rien à l'Évangile. Elle est soutenue par Jésus comme l'espace où le Ressuscité vient nous trouver. Il est la lumière qui vient nous éclairer à tous ces endroits. Ce qui exige de nous une attention et un discernement pour le découvrir à ces endroits souvent absorbants.

Le Récit de la visite de Jésus à Marthe et Marie : Lc 10,38-42

« *Comme Jésus était en chemin avec ses disciples, il entra dans un village, et une femme du nom de Marthe l'accueillit dans sa maison. Elle avait une sœur appelée Marie, qui s'assit aux pieds de Jésus et écoutait ce qu'il disait. Marthe était affairée aux nombreuses tâches du service. Elle survint et dit : "Seigneur, cela ne te fait-il rien que ma sœur me laisse seule pour servir ? Dis-lui donc de venir m'aider." Jésus lui répondit : "Marthe, Marthe, tu t'inquiètes et tu t'agites pour beaucoup de choses, mais une seule est nécessaire. Marie a choisi la bonne part, elle ne lui sera pas enlevée."* »

Avant de donner notre compréhension de ce texte, relisons le commentaire qu'en fait Saint Augustin et qui nous paraît pour le moins intéressant. « Marthe et Marie étaient deux sœurs, proches non seulement par le sang mais encore par la piété. Attachées l'une et l'autre au Seigneur, elles se sont mises d'un seul cœur à son service au temps de sa vie ici-bas. Marthe l'a reçu comme on reçoit d'ordinaire un voyageur. Et pourtant, c'était une servante qui accueillait son Maître, une malade son Sauveur, une créature son Créateur...Le Seigneur, en effet, avait voulu prendre la forme d'un serviteur afin de pouvoir être nourri par des serviteurs... Voici donc le Seigneur accueilli comme un hôte. 'Il était venu parmi les siens et les siens ne l'avaient pas reçu ; mais à tous ceux qui l'ont reçu il a donné pouvoir de devenir enfants de Dieu.' (Jn 1,11-12) Les serviteurs ainsi adoptés devenaient ses frères, les captifs ainsi délivrés devenaient ses cohéritiers. Mais que personne d'entre vous ne dise : Heureux ceux qui ont eu la chance de recevoir le Christ en leur propre maison ! N'aie donc point de peine, ne te lamente pas d'être née à une époque où tu ne peux plus voir le Seigneur en chair et en os. Il ne t'a pas retiré sa faveur, lui qui a déclaré : 'Tout ce que vous avez fait au plus petit d'entre mes frères, c'est à moi que vous l'avez fait' (Mt 25,40). » SAINT AUGUSTIN, *Sermon* 103, 1, 2 ; PL 38,613 (trad. Orval).

Pour notre part, nous découvrons une vérité plus profonde qui ressort de ce texte en le relisant : L'amour de Dieu peut conduire au service, mais le service ne conduit pas forcément à Dieu.
Jésus montre ici qu'il est l'amour de Dieu dont la vie n'est rien d'autre que la rencontre des hommes. Il va tous les jours à leur rendez-vous quotidien. Il visite Marthe et Marie, deux sœurs pour lesquelles il voue une grande amitié. Marthe reçoit Jésus dans sa maison. Elle est occupée par le service. Marie est assise aux pieds de Jésus et écoute sa parole. La tension entre Marthe et Marie se passe entre l'accueil de Jésus par le service et l'accueil de sa Parole par l'écoute. Il s'agit d'une tension entre le faire et l'être, entre l'action et la contemplation.
Marie est présentée ici comme la croyante par excellence, celle qui est proche du Seigneur et qui l'écoute. Elle est l'image du disciple qui donne sa foi au Seigneur. Telle est donc la meilleure part. Marie montre à Jésus sa part d'amour très contemplative. Elle se tenait assise au pied de Jésus. Elle se donne à Jésus pour écouter sa Parole dans une grande disponibilité de cœur et dans la prière. Marthe s'adonne aux tâches accaparantes du service. Marthe a une revendication légitime. Son souci de voir sa sœur l'aider pour le service évoque la problématique de la comparaison et de la difficulté à assumer la différence. Cela est tout à fait humain, et souvent cela bascule vers la jalousie et la concurrence. On l'a rencontré dans l'Ancien Testament : chez Caïn et Abel, Jacob et Esaü, Joseph et ses frères, Sarah et Agar, Rachel et Léa.
En fait, Marthe expose sa jalousie et ne supporte pas que sa sœur et Jésus vivent une telle communion contemplative. Le Seigneur fait réfléchir Marthe par sa réponse : « Tu

t'inquiètes pour bien des choses. Une seule est nécessaire : Marie a choisi la meilleure part. » Jésus l'aide à découvrir que l'essentiel dans tout ce que nous faisons c'est lui Jésus. En effet, comme le texte décrit la scène : Marthe accueille le Seigneur chez elle. Elle prépare cet accueil et pense mettre son hôte à l'aise. Elle s'affaire aux multiples tâches pour que rien ne manque au protocole de bienvenue. Pendant qu'elle est plongée dans ce souci de bienséance, Marie sa sœur, elle, se met à l'écoute du Seigneur.

Le Seigneur semble apprécier l'attitude de Marie, même s'il ne dénigre pas celle de Marthe. Ce qui compte pour le Seigneur ce n'est pas ce qu'elles font, mais leur état d'esprit. Marthe a l'impression que sa sœur se fige dans une désertion méprisable. Elle n'est pas dans une vision de la foi. Elle pense bien faire en offrant ses services. Selon elle, Marie semble bien indifférente au fait qu'elle porte toute seule le poids du service. La remarque de Marthe ne va pas seulement à Marie, mais jusqu'à Jésus lui-même. Elle manifeste à travers son mécontentement toute sa jalousie envers sa sœur. Pourtant elle aurait pu gagner si elle avait respecté son choix de service et le choix de sa sœur d'être à l'écoute. Elle n'assume pas jusqu'au bout la façon qu'elle a optée pour se mettre au service du Seigneur. Elle regarde l'autre et verse sur elle sa jalousie.

La réponse de Jésus résiste aux combines de Marthe. Jésus la renvoie à elle-même. Il lui fait découvrir ce qui la tourmente, l'inquiète et l'agite. Elle est préoccupée à se comparer à sa sœur, et cela l'empêche d'entrer en relation avec le Seigneur, son invité. Elle se perd dans les soucis matériels qui engendrent la jalousie, au lieu d'être présente en elle-même pour avoir à l'esprit sa relation à Dieu pour lequel elle préparait ce service. Elle veut servir son hôte et son Seigneur, mais elle se perd dans ce qu'elle fait. En disant « Tu t'agites pour bien des choses, Marie a choisi la meilleure part », Jésus n'a pas l'intention d'exalter la vie contemplative comme on a eu souvent l'intention d'interpréter. C'est leur état d'esprit qui intéresse Jésus. Marie est dans l'attitude du disciple qui se laisse façonner et nourrir par la parole du Maître. Cela peut être aussi l'attitude de celui qui s'engage pour le service. Le Seigneur montre ici que c'est cela l'attitude première de tout disciple, de tout celui qui décide de le suivre malgré ses obligations liées à sa vocation spécifique. Il faut apprendre à privilégier, comme Marie, la relation à l'autre parce que c'est là que se manifeste l'être profond.

Le Seigneur ne demande pas à Marthe de renoncer à ses tâches. Il ne minimise pas ce que fait Marthe, il veut simplement poser la question de notre capacité à nous mettre à l'écoute de sa personne. Il veut montrer que l'écoute de la Parole du Seigneur devrait venir avant toute chose, et elle devrait être présente aussi bien dans le service et l'action que dans la prière et la contemplation. Dans les deux situations, on peut toujours garder l'amitié avec Jésus. Il se pose ici simplement une question de choix. Il faut toujours choisir Dieu. C'est lui qui fonde notre vie. Il faut définir Dieu comme priorité. La grâce que nous recevons par son Fils vient nous proposer le salut. Nos vies doivent prendre leur appui sur le roc qui est la foi au Ressuscité, même lorsque nous sommes dans l'action de la vie quotidienne. Le service et l'écoute sont

présents dans ce récit. Ils constituent deux volets de la vie chrétienne fondés sur un même amour. On ne peut disqualifier l'un des deux au profit de l'autre.
D'ailleurs, on le voit bien, Marthe n'a pas arrêté de travailler en entendant la réponse sanglante de Jésus. Ce qui lui est demandé c'est de retrouver l'unité et la paix dans la quantité de ses affairements. Elle accueille Jésus, mais elle devrait se laisser accueillir par lui. Le Seigneur Jésus est venu pour servir et non pour être servi. (Lc 22,27). Jésus, en parlant de la meilleure part, invite à le rencontrer et à se laisser rencontrer par lui. « Là où est ton trésor, là aussi se trouve ton cœur. » (Mt 6,21). Marthe est appelée à se libérer du désarroi qui la ronge, pour ranimer la joie qui ouvre le chemin de la vraie foi, et de la confiance en la présence du Seigneur.
Les deux attitudes de deux sœurs ne sont pas à opposer. Car il n'y a pas de présence du Christ qui ne se traduirait pas en service. Et le service des frères n'aurait pas de sens s'il ne s'enracine pas dans la foi au Christ. Tel est l'équilibre nécessaire qui demande beaucoup d'attention.
Ce texte apporte une lumière et surtout un équilibre toujours à chercher entre notre service du frère et l'attachement au Christ que nous partageons tous. Rien n'est plus important pour un disciple du Christ que d'accueillir le Seigneur et d'écouter sa Parole.
Notre monde est fait des Marthe et des Marie. Il y a des gens qui s'agitent beaucoup et donnent leur temps pour les autres tandis qu'il y en a d'autres qui s'agitent moins et qui, eux aussi, donnent leur temps pour les autres à leur manière. Beaucoup de nos contemporains, même en pastorale, sont accaparés par leurs engagements ou par

leurs responsabilités jusqu'à oublier que ce qu'ils font, ils le font pour le Christ. Leur tâche devient ainsi trop lourde, et parfois ils se sentent seuls et cela épuise leur enthousiasme. Une action sans une place pour le Christ devient de l'activisme sans fond. Ce récit de Marthe et Marie interroge notre action de tous les jours, même dans l'Église.

Ajoutons cette idée simple selon laquelle le service de ménage que Marthe fait devait être fait par quelqu'un. Il était nécessaire que leur hôte mange. Elle n'a pas fait de faute du tout. Marthe a eu une réaction spontanée normale dans sa société où l'attitude de Marie est celle d'un disciple qui est à l'écoute du Maître. Or les disciples du Christ n'étaient généralement que des hommes. Les femmes, dans cette situation, ne pouvaient être qu'au service, au ménage et à la cuisine. La présence de Jésus vient révolutionner les choses, et changer cette manière de considérer les rôles par rapport aux genres dans notre société.

CONCLUONS

C'est à la résurrection que tout ceci devient clair. Les disciples doivent aller rencontrer leurs frères et sœurs, les hommes, en Galilée parce que désormais ils sont des visages du Christ Ressuscité. *Ne restez pas dans la contemplation de la tombe*, allez plutôt rencontrer le Christ ressuscité qui nous a précédés en Galilée dans les nouveaux visages du Ressuscité que sont vos frères et sœurs. Laissez les morts enterrer leurs morts dit-il ailleurs... occupez-vous de ceux qui sont là à vos côtés.

Le Père, par cette résurrection de son Fils Jésus notre

Seigneur, fait surgir la vie du tombeau une fois pour toutes. Il désire faire de nous des vivants par la résurrection de son Fils.
La prière et l'oraison forment nos moments de contemplation pour nous aujourd'hui dans toutes leurs formes que ce soit l'eucharistie, l'adoration ou autre lieu de rencontre avec le Seigneur. Elles sont des lieux où nous allons puiser de la force pour aller dans l'action.
Il est étonnant de voir que certains de nos contemporains pensent qu'il faut passer tout leur temps dans la prière et la lecture de la Bible sans travailler. Or le Seigneur nous dit lui-même par la bouche de Saint Paul que : « celui qui ne travaille pas, ne mange pas non plus. » (Cf. 2Th 3,9-13)
Dans une espèce de mysticisme paresseux, les corinthiens se sont dit, comme le Christ nous a tout promis, lors de sa venue, il ne sert plus à rien de travailler et de se donner de la peine. Restons dans la contemplation à attendre son retour. Cela ne marche pas. Ce n'est pas cela la logique de Dieu. Il faut la participation de l'homme ! Nous sommes des co-créateurs de Dieu, il veut que nous donnions notre contribution à l'œuvre de la création par notre travail et notre labeur. Dieu s'est fait homme pour nous rendre participants de sa vie.

CHAP. IX : COURIR VERS LA RÉSURRECTION, VERS LA LIBÉRATION ET LA VIE

Aujourd'hui, surtout en Occident où les gens sont très sédentaires, accrochés à leurs écrans d'ordinateur, les responsables de la santé proposent de pratiquer régulièrement le sport. Ils conseillent généralement de marcher au moins trente minutes par jour. Cela procure une bonne circulation de sang dans le corps et permet d'éviter des multiples thromboses possibles liées à l'immobilisme.

C'est ainsi que nous observons, autour de nos maisons, à proximité de nos rues et dans les quartiers près de forêts, des gens en train de faire du jogging tous les matins et tous les soirs. Courir est devenu synonyme de bonne santé, ou de sa recherche. Mais courir peut être aussi compris, quand on est nombreux à le faire, comme un lieu de la concurrence. Il signifie un exercice de compétition où une personne doit sortir vainqueur. Cette idée a toujours accompagné ce sport depuis les anciens romains et grecs jusqu'aujourd'hui dans l'olympisme. Il faut se battre dans la course pour gagner.

L'expression a finalement passé dans les affaires de tous les jours où les gens s'affrontent pour gagner. On entend

parler de la course électorale, de la course à la présidentielle, la course pour gagner un poste, etc.
Mais de la course, il en est aussi question dans la Bible. L'Évangile évoque la course à plusieurs reprises pour montrer que la foi est une question d'un déplacement vers. Il y a par exemple dans le texte de l'Enfant prodigue cette mention explicite de la course : « Il se leva et s'en alla vers son père. Comme il était encore loin, son père l'aperçut et fut saisi de compassion ; il courut se jeter à son cou et le couvrit de baisers. » (Lc 15,20) Le Père court.
Saint Paul est celui qui en parle d'une manière aussi claire. Il dit qu'il n'est pas arrivé, mais il est en course pour saisir le Christ, ayant été saisi lui-même par le Christ. (Cf. Ph 3,12-14). Mais l'Évangile nous invite à méditer sur la réalité de la course telle qu'elle est vécue à la Résurrection de notre Seigneur Jésus, où on trouve par exemple ceci : « Alors Pierre se leva et courut au tombeau ; mais en se penchant, il vit les linges, et eux seuls. Il s'en retourna chez lui, tout étonné de ce qui était arrivé. » (Lc 24,12)

IX.1. La Résurrection est une affaire de course

Marie Madeleine court. Elle va trouver Simon-Pierre. Simon-Pierre court aussi. Et l'autre disciple fait de même. Qu'est-ce qui fait courir : la pierre roulée et le tombeau vide ? Les disciples constatent, mais ils ne peuvent pas dire le moment de la Résurrection. Celle-ci sera l'expérience d'hommes et de femmes qui ont suivi Jésus et qui découvrent que tout ne s'arrête pas avec la Croix. L'Alliance avec Dieu ne dit pas son dernier mot avec le tombeau.

IX.1.1. La course des femmes

Ces femmes qui viennent de bonne heure, ne trouvent pas le corps de Jésus. Voilà une absence qui inaugure une éternelle présence. Lorsque les yeux de chair ne voient plus, la foi ouvre le regard sur le Ressuscité.
Les femmes sont les premières à arriver au tombeau. Elles sont poussées par une affection toujours grande, elles se montrent fidèles dans l'amour, et sont sensibles dans la souffrance. Elles veulent poursuivre ce contact intime et affectueux parce qu'elles pensent que même la mort ne pourrait pas l'entraver.
Elles courent, mais elles ne trouvent pas les choses comme elles s'imaginaient. C'est l'enjeu du mystère de Dieu : les voies de Dieu sont différentes des voies de l'homme. Dieu surprend l'homme dans ses attentes. Ces femmes trouvent que la pierre est roulée et le tombeau est vide.
Ces femmes qui avaient couru, poussées par leur affection maternelle, vont de nouveau courir pour aller annoncer la Bonne Nouvelle de la résurrection, cette fois-ci poussées par le Christ. Elles vont aller témoigner. Elles sont les premières à être témoins du Christ ressuscité, d'un Christ qui a changé de nature. Les femmes deviennent les premiers témoins de la résurrection. C'est une révolution voulue par Jésus dans une société où les femmes étaient toujours reléguées à la seconde place en tout et pour tout. Jésus a précédé les mouvements féministes d'aujourd'hui dans ce qu'ils défendent.

Marie Madeleine et l'autre Marie courent au tombeau : Mt 28,8-15

« En ce temps-là, quand les femmes eurent entendu les paroles de l'ange, vite, elles quittèrent le tombeau, remplies à la fois de crainte et d'une grande joie, et elles coururent porter la nouvelle à ses disciples. Et voici que Jésus vint à leur rencontre et leur dit : "Je vous salue." Elles s'approchèrent, lui saisirent les pieds et se prosternèrent devant lui. Alors Jésus leur dit : "Soyez sans crainte, allez annoncer à mes frères qu'ils doivent se rendre en Galilée : c'est là qu'ils me verront." Tandis qu'elles étaient en chemin, quelques-uns des gardes allèrent en ville annoncer aux grands prêtres tout ce qui s'était passé. Ceux-ci, après s'être réunis avec les anciens et avoir tenu conseil, donnèrent aux soldats une forte somme en disant : "Voici ce que vous direz : "Ses disciples sont venus voler le corps, la nuit pendant que nous dormions." Et si tout cela vient aux oreilles du gouverneur, nous lui expliquerons la chose, et nous vous éviterons tout ennui." Les soldats prirent l'argent et suivirent les instructions. Et cette explication s'est propagée chez les Juifs jusqu'à aujourd'hui. »

Le corps de Jésus a été déposé dans un sépulcre. La pierre a été roulée sur lui, puis tout s'est tu. Mais ce grand silence crée l'envie de s'approcher du Seigneur pour s'acquérir de ce qu'il est devenu. Ce sont les femmes qui sont plus sensibles à cela. Elles accourent. La pierre est enlevée, les linges pliés et le tombeau est vide.

Il s'agit de Marie Madeleine et une autre femme. Elles s'affolent à la vue de la pierre roulée. Elles pensent que le corps de leur Seigneur est volé. Mais une apparition se fait : un jeune se fait voir et leur demande : « Vous cherchez Jésus de Nazareth, le crucifié ? Il est ressuscité : il n'est pas ici ». Voilà le récit qui va bouleverser le cours de l'histoire de l'humanité pour toujours. Jésus veut que chaque fils de notre humanité devienne désormais victorieux de la mort. Chacun doit se laisser traverser par le fait de la résurrection. Le texte situe les faits le premier jour de la semaine. Pourquoi ? Disons que c'est parce que la Résurrection du Christ inaugure un nouveau monde et laisse s'en aller l'ancien. Elle met fin au règne de la mort pour lequel les Hébreux n'imaginaient pas la fin parce que, pour eux, le Shéol était là et les défunts attendraient avant de connaître leur sort dans les enfers. Cette conception n'était pas la seule. Il y avait une autre que l'on retrouve exprimée dans le livre de Job et qui pose la question de savoir comment les justes souffriraient s'il n'y avait pas de vie après la mort et si la seule possibilité de l'existence n'était que terrestre. Pourquoi les innocents sont-ils maltraités sur cette terre, tandis que les impies prospèrent ?

Jésus répond à cette inquiétude à sa manière. Il donne une autre vision des choses. Il inaugure le jour de la création nouvelle et le place le lendemain du Sabbat, le lendemain du septième jour. Ce jour devient celui du salut attendu. C'est le jour qui suit le Sabbat, le jour qui vient après le septième jour. Le jour où Jésus disparaît du tombeau, le jour qui inaugure une nouvelle semaine, le premier jour des temps nouveaux. Le tombeau est vide, les remparts de la mort sont brisés. Jésus fait voler en éclats les obstacles du mal. Il sort du tombeau et nous emporte avec lui dans la résurrection. Le futur s'ouvre dans la nouvelle lumière. Jésus prend le devant et précède dans la Galilée des nations. C'est le début de la mission : les femmes courent annoncer la résurrection aux disciples.

IX.1.2. Les femmes ne courent pas seules, les hommes aussi

Les femmes courent et vont au tombeau pour oindre le corps de Jésus au lever du jour déjà. Elles sont angoissées et elles ont peur. Elles, comme les autres disciples, sont tous sur un chemin semé de deuil, et sont tournés vers le sépulcre. Mais dès qu'elles sont mises devant ce mystérieux fait de la disparition du corps de leur Seigneur, elles reviennent rendre compte dans la communauté de l'Église. Pierre court avec le disciple que Jésus aimait. Ils nous entrainent, tous deux, dans une course folle pour aller vivre l'expérience pascale chacun à sa façon. Ils ne courent pas de la même manière : l'un court plus vite que l'autre. L'expérience religieuse, comme celle de la Résurrection, est une expérience individuelle, elle est toujours personnelle. L'autre disciple voit et il croit. Le voir et le croire sont des actions qui accompagnent la résurrection. Jésus va pouvoir rectifier les choses en disant : « Heureux ceux qui croient sans avoir vu. » (Jn 20,29) L'homme est appelé à accueillir la vie qui jaillit du tombeau. Il faut alors courir vers le sépulcre ouvert. Il faut courir vers l'Amour même et sa source. Il faut courir vers la rencontre de la vie.

La course des femmes et des hommes au matin de la résurrection : Jn 20,1-9

« Le premier jour de la semaine, Marie Madeleine se rend au tombeau de grand matin, alors qu'il fait encore sombre. Elle voit que la pierre a été enlevée du tombeau. Elle court donc trouver Simon-Pierre et l'autre disciple, celui que Jésus aimait, et elle leur dit : "On a enlevé le Seigneur de son tombeau, et

nous ne savons pas où on l'a mis." Pierre partit donc avec l'autre disciple pour se rendre au tombeau. Ils couraient tous les deux, ensemble, mais l'autre disciple courut plus vite que Pierre et arriva le premier au tombeau. En se penchant, il voit que le linceul est resté là ; cependant il n'entre pas. Simon-Pierre, qui le suivait, arrive à son tour. Il entre dans le tombeau, et il regarde le linceul resté là, et le linge qui avait recouvert la tête, non pas posé avec le linceul, mais roulé à part à sa place. C'est alors qu'entra l'autre disciple, lui qui était arrivé le premier au tombeau. Il vit, et il crut. Jusque-là, en effet, les disciples n'avaient pas vu que, d'après l'Écriture, il fallait que Jésus ressuscite d'entre les morts. »

Nous sommes invités à aller au tombeau vide, tels que nous sommes vraiment. Nous devrions nous approcher du mystère pascal avec ce qui est de dramatique dans nos existences, donc avec nos chagrins inconsolables, nos tumultes inexprimables, nos meurtrissures inguérissables. On ne peut être bouleversé au tombeau vide que si on y va tel qu'on est, à l'instar de Marie Madeleine qui réagit avec ses tripes : « je ne sais pas où on l'a mis ». Elle ne s'occupe pas de ces deux anges assis. Elle vient avec sa douleur, son désespoir. Elle est encore plus vide que le tombeau.

Pourtant Jésus meurt pour nous libérer de tout cela : il libère nos existences du goût de mort qui nous emprisonne. Il nous fait passer des ténèbres à son admirable lumière. Nous remontons des eaux baptismales pour ressusciter avec le Christ. Nous faisons le passage de l'Alliance.

On le voit avec Marie. Comment la tirer de cette béance et de cette cécité, elle qui ne veut pas regarder ce qui se passe dans son environnement immédiat ? Elle est retenue dans la mort par ses sentiments trop humains. Il n'y a que le Ressuscité qui peut l'en tirer et lui donner la vie. Son nom va servir d'appât pour la toucher : « Marie ». Elle, qui était découragée et déçue, passe de la mort à la vie. C'est dans nos vides quotidiens, autour de nos tombeaux vides que le Seigneur nous interpelle par nos noms et nous remplit de sa vie.

Quand les disciples sont avertis, Pierre et le disciple que Jésus aimait courent. Jean, porté par l'amour de Jésus, court plus vite. Il arrive avant Pierre. « Il vit et il crut, dit le texte ». Donc il croit plus vite que Pierre en la résurrection de son Seigneur.

Mais Jean laisse Pierre entrer dans le tombeau. Pierre regarde et veut tout vérifier : les linges mortuaires sont là. Ils ne servent à rien. Ce n'est que du matériel. L'amour est plus essentiel que tout cela.

Ce Jean est-il l'évangéliste qui écrit lui-même ce récit ? Serait-il prétentieux de dire qu'il avait une supériorité par rapport à Pierre, une supériorité en amour pour Jésus, une supériorité physique parce qu'il court plus vite que Pierre, une supériorité de la foi parce qu'il voit et il croit avant Pierre qui veut tout vérifier lorsqu'il arrive lui ?

Il est le disciple que Jésus aimait, et il n'a pas de nom. À qui identifier ce personnage mystérieux et presque anonyme ? La tradition pense qu'il s'agit de Jean, l'évangéliste le plus jeune des apôtres, tout comme elle est aussi d'avis qu'il s'agit de tout disciple de Jésus. Tout celui qui se croit être disciple du Christ parce qu'il veut le suivre et l'aimer, peut s'identifier à ce disciple sans nom. Il s'agit de tout disciple, celui qui sait aimer Jésus : le disciple préféré, donc ce pourrait être chacun de nous.

Par ce qualificatif du disciple que Jésus aimait, c'est tout disciple de Jésus qui est représenté : ce disciple est celui qui va vers le Seigneur en courant avec amour, il va à la rencontre de Jésus ressuscité, Parole de Dieu, amour personnifié visible en chacun de ses frères, celui qui sait voir et croire.

Par la résurrection, Jésus nous entraîne dans une destinée inédite, celle de la vie même de Dieu. La foi a besoin de signes concrets. C'est par eux que les disciples entrent en relation avec la réalité de l'absence-présence. Ici, les disciples ont devant eux : le linceul, les bandelettes, le tombeau vide etc. Jean comprend par amour et ne cherche pas de preuves. L'amour que Jean porte pour son Seigneur voit la vie.

Le fait que Jean nomme le compagnon de Pierre, l'autre disciple, il crée un blanc qui troue son Évangile et laisse la place à tout celui qui se reconnaît disciple, si tant qu'il est porté par l'amour de Jésus. L'absence du nom de ce disciple nous fraye une présence. Chaque disciple de Jésus peut y poser son nom et se reconnaître dans le disciple aimé par Jésus.

Jésus est désormais présent dans l'absence. Le tombeau vide est la trace de Celui qui s'est levé d'entre les morts. Il est absent chez les morts, et à partir de ce moment, à jamais, vivant chez les vivants, chez ceux qui aiment la vie. Jésus vit sa liberté dans toute sa plénitude. Il s'est libéré des morts et de la mort. Il a lui-même détruit la mort. Pâque ouvre ainsi de nouveaux chemins vers la vie.

IX.2. Celui qui est porté par l'amour arrive le premier à la rencontre du Christ ressuscité

Chacun de ceux qui courent est marqué par ce qui le définit par rapport à sa foi. C'est par dévotion affectueuse que Marie Madeleine et les femmes se rendent à la sépulture de Jésus de bonne heure. Elles portent douloureusement le deuil de celui qu'elles aiment. Malheureusement pour elles, elles trouvent la pierre du tombeau roulée. Elles s'imaginent que le corps de Jésus a été volé. Elles s'empressent d'aller en parler aux disciples restés à la maison.
C'est ainsi que « Pierre et le disciple Jean courent tous les deux ensemble » Chacun motivé par ses tripes, donc par ses raisons et ses croyances, ils veulent arriver pour vérifier si les femmes ont dit la vérité. On pourrait dire que c'est la première motivation. Jean, le plus jeune, se révèle le plus empressé. Il trouve les linges. C'est plutôt Pierre qui entre dans la tombe alors que Jean reste aux bords. Jean est le premier à croire devant le tombeau tout à fait vide.
Nous sommes appelés à devenir des disciples que Jésus aime, et il nous aime évidemment, pour entrer dans la foi au Ressuscité.
Si le disciple que Jésus aimait arrive le premier au tombeau, ce n'est pas parce qu'il est en meilleure forme par rapport à Pierre, ni non plus parce qu'il est jeune et que Pierre est un peu plus âgé, mais il est poussé par l'amour du Seigneur pendant que Pierre traine avec lui le poids de ses reniements. Ce disciple est connu pour avoir vu et

pour avoir cru. Il voit quoi ? Il voit l'absence du corps ou du cadavre. Lorsqu'on considère la précision de l'Écriture qui dit qu'il voit que « d'après les Écritures, il fallait que Jésus ressuscite d'entre les morts. », on comprend que l'amour qui l'a fait arriver avant Pierre, le même amour lui donne l'intuition de la Résurrection. Il vit en lui la Résurrection du Seigneur.

Nous le voyons donc, tout le monde court. Après la course des femmes et celle de deux apôtres, commence la course de tous les autres disciples. Il s'agit désormais du début d'une nouvelle course-relais, celle des témoins de la Résurrection. C'est l'histoire de l'Église qui prend son cours.

Ceux qui aiment Jésus, et qui se disent ses disciples sont invités par cet événement à franchir le seuil du tombeau vide pour aller vers une nouvelle vie avec le Christ lumière. Ils doivent passer des ténèbres à leur propre résurrection. Ils doivent quitter leurs mondes pour entrer dans le Royaume de Dieu.

LE FAIT DE LA RÉSURRECTION

Les linges sont toujours là, sans le corps du Seigneur. Ils sont aperçus par le disciple que Jésus aimait et par Pierre. Ils voient et comprennent. Ils comprennent que Jésus leur avait dit qu'il ressusciterait. Ils comprennent qu'il fallait que les Écritures s'accomplissent : Jésus devait ressusciter des morts.

Il faut s'empresser et courir pour voir et comprendre. Nous devrions tous courir vers le Christ qui se donne à nous dans la rencontre quotidienne, à travers l'Eucharistie, sa parole et aussi le prochain.

La mort de Jésus est injuste, brutale et scandaleuse. Elle bouleverse tous ceux qui avaient vécu avec Jésus. Jésus a prêché toute sa vie l'amour, et le voilà devenu l'opprobre. Jésus savait de quelle mort il allait mourir, pourtant. C'est dur pour ses compagnons. Jésus fait une apparition pour marquer la transition entre les deux modes de sa présence, l'ancienne où il avait la chair humaine et la deuxième où il est tout esprit. Il organise cette transition en se faisant voir. Le voilà qui veut leur montrer qu'il partage avec eux leur humanité en leur demandant à manger. En partageant avec eux leur repas, il leur ouvre les yeux et l'intelligence. Cette façon de faire rappelle l'humanité profonde du Ressuscité qui est bien présent dans l'histoire des hommes, capable de rencontrer les souffrances profondes de l'humanité.
Jésus, en détruisant la mort en sa personne, montre toute sa volonté d'être toujours uni à son Père. Il est toujours vivant. Il sort du tombeau pour nous tendre la main. Il se relève en nous relevant. Jésus vient ouvrir par la puissance de sa Résurrection une brèche dans nos enfermements, nos peurs et nos capitulations. Avec cet évènement, nous entamons un nouveau temps qui est celui de nouveaux commencements, et d'une nouvelle création. C'est le temps du nouvel exode qui nous ouvre les portes de nos terres intérieures.
Jésus manifeste sa proximité par rapport à l'homme en se rendant présent là où deux ou trois sont réunis en son nom. La présence de Jésus n'est pas liée à un lieu quelconque, fut-il sacré. Il est présent là où les êtres humains se réunissent et partagent la parole, là où ils échangent les témoignages de leur foi en Jésus ressuscité. Jésus vient accomplir la Parole de Dieu. Et celle-ci reste la référence

pour comprendre la Résurrection. L'Écriture est là pour authentifier la vérité de notre expérience spirituelle, dans la dynamique qui nous fait passer du doute à la foi, de la peur à la confiance et de la tristesse à la joie.
Le Christ est dans la gloire de Dieu. Il s'est libéré. Il est parti de la nuit, et est réveillé dans l'aurore. Il se définit désormais comme celui qui vide nos tombeaux et accepte de vivre son amour. Loin d'être une profanation de sépulture ou un enlèvement du corps du Seigneur, le tombeau vide est un signe fort de la part de Jésus qui prouve aux yeux des hommes trop matérialistes qu'il triomphe de la mort, mais c'est aussi une invitation à quitter nos tombeaux pour aller vers la vie.
Il faut tourner le dos aux tombeaux pour chercher le Christ ailleurs. Il nous a devancés et précédés sur les chemins de nos vies au milieu de nos frères et sœurs. La nuit prend fin, il faut vivre à la face du jour, à la lumière du ressuscité, en regardant les visages de nos frères et sœurs, nouveaux visages du Christ ressuscité.

LES DISCIPLES ET LA RÉSURRECTION : VOIR ET CROIRE

Les deux verbes au centre de ce récit de la Résurrection est le voir et le croire : « il vit, et il crut ». Ils sont centraux dans le chapitre 20 de Saint Jean.
Le geste est le même : lorsque les deux disciples, comme Marie Madeleine, arrivent au tombeau, ils s'inclinent pour voir à l'intérieur. Ils constatent tous qu'il est vide. Cela déçoit leurs attentes. Ils sont déstabilisés et inquiets au point où ils vont se mettre en mouvement et en éveil. Ils sont invités à entrer dans une nouvelle vision du monde.

Ils sont inquiets, mais ils sont, en même temps, méditatifs et recueillis. Pierre et Jean sont silencieux devant le tombeau vide. Ils regardent. Ils vivent profondément un mystère. L'événement leur échappe, d'autant plus que l'événement de la résurrection a eu lieu sans témoin. Rien ne peut être prouvé matériellement sauf le fait que le tombeau est vide. Ce n'est pas pour autant que les disciples, Pierre et Jean, fuient la profondeur et la densité du mystère de la Résurrection. Leur silence contemplatif, comme le nôtre devant la grandeur de ce mystère, préside à l'engendrement de la création nouvelle. Nous ne le comprenons pas parce qu'il nous dépasse, mais pourtant il nous recrée et nous régénère.

Pour l'évangéliste Jean, ce qui est au centre de ce récit, c'est la foi. Il s'agit de croire au Christ ressuscité. C'est l'absence du corps de Jésus que le disciple constate et c'est sur elle qu'il fonde sa foi. Le tombeau devait être vide pour que les gens comprennent la Résurrection. Par l'Écriture nous apprenons la révélation de la résurrection.

LES FEMMES ET LA RÉSURRECTION

Marie Madeleine se met en route vers le tombeau. Il fait encore nuit. Le soleil n'a pas encore montré son nez. Elle est dans cette nuit du péché, du mensonge, de la trahison, de l'arrestation, de la condamnation, de la flagellation, des insultes et de la crucifixion. Pour elle, tout est fini. Tout est ténébreux. Elle avance dans cette nuit sans savoir qu'elle va découvrir le soleil, la lumière devant elle. Elle ne sait pas que la pierre est déjà enlevée. Jésus n'est plus enchainé dans et par la mort. Il en est libéré.

Marie Madeleine, en allant au tombeau de bonne heure est convaincue que c'est fini. Tout est terminé. Jésus est mort. Il n'y a plus rien à faire sinon juste accomplir les rites funéraires tels que le veut la coutume. Il faut embaumer le corps de Jésus. Mais stupéfaite, elle trouve que la pierre est roulée. Et une voix leur dit : « Il n'est pas ici ». Il n'est plus question d'embaumer le corps, de rester attaché aux coutumes. Il faut transcender tout cela pour enfin rencontrer la vérité d'un Christ ressuscité. Il ne faut plus s'intéresser au corps. L'heure est à la confiance et à la foi. Un souvenir de la Parole de Jésus revient à l'esprit : ce n'est plus dans le tombeau qu'il faut le chercher, il est vivant, il faut aller le chercher parmi les vivants.

Le Christ ressuscité est la lumière qui vient percer notre nuit afin de nous introduire au jour. La nuit laisse la place au jour. On le voit : ces femmes sont accompagnées par leur tendresse, mais aussi par leurs larmes. La déception est vite là : la pierre est roulée et le tombeau est vide. Elles sont venues embaumer le corps, mais le corps n'est pas là. Elles étaient convaincues que Jésus était mort et c'était fini. Elles sont invitées à repartir sur une nouvelle espérance. Elles doivent cultiver du courage, de l'audace et de la mission.

Elles voulaient embaumer le corps de Jésus, mais Jésus ne leur permet pas de n'en rester qu'au corps. Il veut qu'elles aillent plus loin dans leur rencontre, donc jusqu'à la Résurrection. C'est ainsi qu'il leur donne de ne trouver que la Pierre roulée et le Tombeau vide. Elles y allaient pour le corps, elles étaient découragées, l'avenir était bouché pour elles. Mais voilà que c'est l'Amour qui les accueille, Jésus ressuscité lui-même.

Marie Madeleine peut être considérée dorénavant comme la figure même du croyant qui goûte la joie d'une vraie rencontre avec le Ressuscité de Pâques. Un tel disciple tourne le dos aux tombeaux, pour aller vers la vie. Le récit du tombeau vide est révélateur d'un cheminement spirituel.

C'est parmi les vivants qu'il faut aller non seulement le chercher, mais aussi le reconnaître, l'accueillir et le rencontrer. Marie Madeleine court de nouveau, mais cette fois-ci vers le collège des apôtres pour témoigner de ce qu'elle a vu. Du tombeau vide à la communauté des disciples, la route se fait rencontre avec le Ressuscité. C'est en Galilée qu'il est trouvable désormais. C'est là qu'il attend ceux qui le cherchent dans les tombes. Il n'y est plus. Il est dans les frères et sœurs, qui portent son visage désormais.

Lorsqu'on arrive au seuil du tombeau vide, c'est Dieu qui convoque à la foi. Le tombeau vide nous interdit de nous arrêter à un corps fixé dans un lieu. Jésus est ressuscité. Il n'est pas là au tombeau. Il est donc ailleurs. Il n'est pas chez les morts, il est vivant. Il est avec les vivants. Il faut aller le chercher ailleurs. C'est un appel au départ pour la mission. Il faut aller au rendez-vous de l'humanité. C'est en Galilée qu'il faut aller le trouver. C'est au carrefour des nations qu'il est désormais présent. Le Christ précède et attend son disciple là-bas. Son visage est dans les humains créés à l'image de Dieu.

CONCLUONS

Dieu ressuscite Jésus par la force de son Esprit. Cela change tout et bouleverse le cours de l'histoire. Jésus devient tellement proche de chacun de nous que nous pouvons le reconnaître dans plusieurs choses autour de nous : dans la mission de ses vrais témoins, dans l'Eucharistie ou la fraction des pains, dans la paix que nous devons construire autour de nous, dans les gestes de réconciliation et d'amour, dans l'engagement au service des autres, etc. Le Christ est passé à une vie nouvelle. C'est toute la signification de ce tombeau vide. Les proches de Jésus sortent de leurs ténèbres pour s'ouvrir à la lumière de leur résurrection. Nous devons laisser une autre lumière s'installer dans notre vie et nous rendre disponibles pour de nouveaux projets. La vie continue, mais autrement. Le vide que tout cela laisse dans nos vies n'est pas à remplir, c'est une étape sur un chemin rempli de surprises. Jésus n'est plus dans le tombeau. Il n'est plus là-bas. Il est vivant. Si on le cherche chez le mort, on ne le trouve pas. Il est un Dieu des vivants et pas des morts. On le trouve là où il y a la vie. Par lui, la vie prend le dessus sur la mort.

Nous devons faire le chemin spirituel de Marie Madeleine : quitter progressivement notre nuit et les ténèbres qui habitent souvent nos cœurs devant nos divers tombeaux. Ensuite nous apprêter à accueillir la Bonne Nouvelle de la Résurrection. Ainsi, comme pour elle, notre nuit touchera à sa fin, dans tous les sens de l'expression...mais pas seulement...il nous appartiendra de nous ouvrir à l'aurore qui arrive. La lumière est devant. L'histoire ne s'est pas terminée quand la pierre a scellé le tombeau où se trouvait enterré Jésus. Autour de ce tombeau vide, il y a un message tout simple : ce n'est pas chez les morts qu'il faut aller le chercher. Il s'est relevé. Il a quitté l'ombre du tombeau et nous sort des ténèbres pour aller vers l'amour.

La disparition physique de Jésus ouvre tous ses disciples à une nouvelle vie, et les conjure à regarder autrement les disparitions présentes dans nos vies, celles des êtres chers, des objets auxquels nous tenions, de nos projets de vie abandonnés etc.
Nous sommes ainsi invités à quitter les cimetières de nos doutes et de nos manques d'amour. Le Christ nous tire de nos tombeaux. Et il nous attend en Galilée, dans la communauté humaine. Notre Pâque nous change. Elle est l'espoir pour nous de voir la pierre de nos tombeaux roulée. Nous devenons nouveaux. Nous entrons dans une nouvelle espérance où il est donné de croire à tous les possibles. Lorsque Pierre court et franchit le seuil du tombeau vide, il passe en fait avec le Christ à une vie nouvelle. Avec la résurrection, il faut sortir des ténèbres pour entrer dans le jour, dans la lumière de la résurrection en nous assurant que notre propre résurrection a déjà commencé.

CHAP. X : POUVOIR DANS L'ÉGLISE = SERVICE

Jésus choisit la croix comme trône, alors que les dirigeants de notre monde, et même de notre Église, construisent de grands sièges en bois ou même en or pour montrer et imposer leur autorité. La croix est le symbole de ceux qui mourraient d'une mort honteuse et ignominieuse, d'une mort réservée aux bandits. Jésus fait étonnamment le choix de ce rabaissement pour sauver l'humanité. Un roi pendu au bois de la Croix ! À la croix, il ne peut pas écraser les hommes comme font nos rois humains, même en Église. À la croix, il donne tout son amour, il transmet sa force de vivre. Avec ses bras étendus, il embrasse l'humanité et lui donne son affection.

Ceux qui sont au pied de la croix reçoivent ainsi la vie qu'il dégage de sa mort. Il faut s'élever jusqu'au niveau de la Croix pour jouir de son règne, comme le fait le bon Larron. Il s'est élevé jusqu'à Jésus pour comprendre que ce n'était que justice s'il était condamné, lui, et il avait des raisons pour se révolter contre la condamnation injuste de Jésus. Dans sa révolte, il reconnait que ce Jésus qui n'est pas digne d'un tel traitement est un vrai

Roi : « Souviens-toi de moi dans ton règne. » Cette reconnaissance qui est devenue un grand modèle d'une foi assumée lui vaut le paradis : « Aujourd'hui, tu seras avec moi... »

La royauté de Jésus est celle-là même d'un roi qui donne sa vie par amour pour ses sujets. Le roi des chrétiens s'est fait tellement proche que ses disciples peuvent vivre à ses côtés et recevoir tous les jours le flot de ses grâces et le flux de son amour.

La royauté du Christ n'est pas une question d'honneurs ni d'appartenances, mais une question de mort et de vie. Elle se déploie dans le service des autres et dans l'accomplissement de la volonté de Dieu. Jésus se définit lui-même comme celui qui « n'est pas venu pour être servi, mais pour servir et donner sa vie en rançon pour la multitude. » (Mc 10,45) Il va le signifier clairement à ses disciples qui pensent qu'il est venu installer un pouvoir politique dans lequel ils obtiendraient des portefeuilles.

X.1. Une vision du pouvoir différente de celle des hommes

Le pouvoir du Fils de Dieu n'est pas dans le déploiement de la puissance. Son pouvoir s'éprouve dans le service et le don de sa vie. L'autorité se montre dans le service. Il s'est fait serviteur de tous jusqu'au don total de sa vie. Il faut un dépouillement de soi, se faire simple et humble. Dans le Magnificat, Marie anticipe bien cette nature de Dieu : il est celui qui « renverse les puissants de leur trône, il élève les humbles. » (Lc 1,52) La logique de Dieu n'est pas la nôtre, nous les humains.

Le plus grand est celui qui ressemble à un enfant : Mc 9,30-37

« *Jésus traversait la Galilée avec ses disciples, et il ne voulait pas qu'on le sache. Car il les instruisait en disant : "Le Fils de l'homme est livré aux mains des hommes ; ils le tueront et, trois jours après sa mort, il ressuscitera." Mais les disciples ne comprenaient pas ces paroles et ils avaient peur de l'interroger. Ils arrivèrent à Capharnaüm, et, une fois à la maison, Jésus leur demandait : "De quoi discutiez-vous en chemin ?" Ils se taisaient, car, sur la route, ils avaient discuté entre eux pour savoir qui était le plus grand. S'étant assis, Jésus appela les Douze et leur dit : "Si quelqu'un veut être le premier, qu'il soit le dernier de tous et le serviteur de tous." Prenant alors un enfant, il le plaça au milieu d'eux, l'embrassa, et leur dit : "Celui qui accueille en mon nom un enfant comme celui-ci, c'est moi qu'il accueille. Et celui qui m'accueille ne m'accueille pas moi, mais Celui qui m'a envoyé."* »

Qui est le plus grand ? C'est la question qui hante les disciples de Jésus. Ils n'acceptent pas le « tous égaux ». Ils veulent un classement et chacun veut être le premier. Jésus leur dit une chose étonnante humainement parlant : « Si quelqu'un veut être le premier, qu'il soit le dernier et le serviteur de tous. » (Mt 20,27) La bonne prédication se fait avec des exemples concrets. Jésus appelle un enfant qui passait par là et le présente à ses auditeurs en leur demandant d'accueillir un enfant comme celui qui était là. Les enfants sont les plus négligés des hommes. Rappelons que les disciples avaient aussi rabroué les enfants qui étaient venus avec leurs parents pour que Jésus leur impose les mains. L'enfant représente ici le faible sans défense. Il est comme

« l'agneau qui se laisse conduire à l'abattoir, la brebis muette devant le tondeur » (Is 53,7)
L'enfant est l'image même de Jésus qui est venu dans le monde en se faisant petit et en s'offrant à la merci des plus puissants. Il ne vient pas se confronter à ces puissants. Il vient annoncer un nouveau règne et une nouvelle puissance qui est celle de l'amour et de la miséricorde.
Jésus parle à ses disciples de son identité, celle de Fils de l'homme venu dans le monde pour sauver les hommes. Mais ses disciples sont plutôt préoccupés par des questions de préséance et de comparaison. Jésus écoute. Il ne reproche pas. Il les rejoint dans leurs soucis humains. Il saisit l'occasion pour les recadrer en leur montrant que l'enjeu n'est pas autour de la question de pouvoir. L'essentiel est au niveau de l'accueil de la foi en Dieu son Père et par lui. Et pour y arriver, il faut se faire petit. Il faut beaucoup d'humilité, et se faire dernier plutôt que premier. C'est un véritable renversement des valeurs.
Jésus se rend présent à nous dans ceux qui sont petits.
Nous vivons dans un monde de comparaison et de compétition récurrente ; quelle est la plus belle femme du monde, l'homme le plus riche du monde, le sportif le plus titré du monde, etc. ? Cet esprit n'est pas seulement d'aujourd'hui. Il existe depuis que les hommes existent. Au temps de Jésus, ils savent aussi se mettre en compétition. À peine, Jésus annonce son départ très proche, ses disciples commencent à se poser la question de celui qui est plus grand parmi eux. Jésus est ouvert vers l'accomplissent de sa mission, mais ses disciples sont plutôt tournés vers eux-mêmes. L'unique valeur qui les préoccupe est le pouvoir fondé sur la grandeur personnelle. Et lorsque celle-ci s'étale sur le terrain de la concurrence, elle fait tomber dans les sentiments de jalousie.

Voilà la raison pour laquelle Jésus propose à ses disciples une transmutation intérieure : « Si quelqu'un veut être le premier, qu'il soit le dernier de tous et serviteur de tous. » Le disciple du Christ s'ouvre à la vie en accueillant la présence de Dieu au lieu de passer son temps dans des rivalités inutiles. Dieu nous demande de l'accueillir, lui, comme un enfant, c'est-à-dire, avec tout ce que l'enfant porte comme vitalité et fécondité pour l'avenir. C'est ainsi que nous pourrons nous mettre au service de la joie et de la vie pour nous-mêmes et pour nos contemporains. Nous pourrons devenir, non pas rivaux, mais serviteurs les uns des autres. La grandeur du croyant n'est pas dans la concurrence avec les autres, mais plutôt dans un amour vrai de Dieu et de l'humanité, par le concret de la vie et pas seulement en paroles.

X.2. Le pouvoir de Jésus n'est pas politique

Dans la logique de Dieu et de Jésus notre Seigneur, a le grand pouvoir, celui qui accomplit sa mission en ayant une attention pour le méprisé, le marginalisé, le sans-savoir et le sans-pouvoir. Heureux le serviteur que le maître trouvera en train de veiller à son arrivée.

Le plus grand est celui qui sert : Lc 22,23-30

« *Les Apôtres commencèrent à se demander les uns aux autres quel pourrait bien être, parmi eux, celui qui allait faire cela. Ils en arrivèrent à se quereller : lequel d'entre eux, à leur avis, était le plus grand ? Mais il leur dit : "Les rois des nations les commandent en maîtres, et ceux qui exercent le pouvoir sur elles se font appeler bienfaiteurs. Pour vous, rien de tel ! Au contraire, que le plus grand d'entre vous devienne comme le plus jeune, et le chef, comme celui qui sert. Quel est en effet le plus grand : celui qui est à table, ou celui qui sert ? N'est-ce pas celui qui est à table ? Eh bien moi, je suis au milieu de vous comme celui qui sert. Vous, vous avez tenu bon avec moi dans mes épreuves. Et moi, je dispose pour vous du Royaume, comme mon Père en a disposé pour moi. Ainsi vous mangerez et boirez à ma table dans mon Royaume, et vous siégerez sur des trônes pour juger les douze tribus d'Israël."* »

Jésus n'est pas venu pour former un gouvernement afin de distribuer des ministères et des pouvoirs. Il est venu pour annoncer la vérité, et par ce fait celui qui écoute sa voix appartient à la vérité. Celui qui suit le Christ a part à son Royaume.

La véritable noblesse n'est pas, selon lui, dans la grandeur et les acclamations, elle réside plutôt dans le don dépouillé et sans retenue du Christ offert pour nos péchés. Et la mission de ceux qui acceptent de se faire ses disciples se définit en termes de service et non en termes de pouvoir. L'Évangile invite à la simplicité, à l'humilité et à la petitesse. Si Jésus présente cette manière de faire aux hommes c'est parce qu'il connaît ce qu'il y a au fond de l'homme. L'homme est obsédé par l'accumulation des richesses, des gloires et des pouvoirs. Il aime les honneurs. Les fils de Zébédée osent poser la question d'une manière explicite. Ils disent tout haut ce que les autres pensent tout bas. Ils représentent par leur demande le désir de tout être humain de gagner la première place et le pouvoir, surtout dans notre monde actuel de la concurrence. Ces deux, ayant tout quitté, ont encore une raison de plus pour espérer une place de choix. Ils veulent avoir cette garantie.

Cependant, leur vision du pouvoir n'est pas celle de Jésus. Celui-ci veut, lui, que ceux qui le suivent aillent servir. L'Église devient ainsi, non pas un lieu de pouvoir, mais une communauté servante, à l'exemple de son chef, Jésus lui-même, qui se définit comme celui qui « n'est pas venu pour être servi, mais pour servir et donner sa vie en rançon pour la multitude. »

Les fils de Zébedée : Mc 10,35-45

« Jacques et Jean, les fils de Zébedée, s'approchèrent de Jésus et lui dirent : "Maître, nous voudrions que tu fasses pour nous ce que nous te demanderons." Il leur dit : "Que voulez-vous que je fasse pour vous ?" "Accorde-nous, lui dirent-ils, d'être assis l'un à ta droite et l'autre à ta gauche, quand tu seras dans ta gloire." Jésus leur répondit : "Vous ne savez pas ce que vous demandez. Pouvez-vous boire la coupe que je vais boire ou être baptisés du baptême dont je vais être baptisé ?" "Nous le pouvons", dirent-ils. Jésus leur répondit : "Vous boirez en effet la coupe que je vais boire et vous serez baptisés du baptême dont je vais être baptisé. Mais quant à être assis à ma droite ou à ma gauche, cela ne dépend pas de moi et ne sera donné qu'à ceux pour qui cela est préparé." Après avoir entendu cela, les dix autres commencèrent à s'indigner contre Jacques et Jean. Jésus les appela et leur dit : "Vous savez que ceux que l'on considère comme les chefs des nations dominent sur elles et que leurs grands les tiennent sous leur pouvoir. Ce n'est pas le cas au milieu de vous, mais si quelqu'un veut être grand parmi vous, il sera votre serviteur ; et si quelqu'un veut être le premier parmi vous, qu'il soit l'esclave de tous. En effet, le Fils de l'homme est venu non pour être servi, mais pour servir et donner sa vie en rançon pour beaucoup." »

Jacques et Jean représentent cet homme qui est en chacun de nous et qui est attiré par les grandeurs. Ils cherchent des postes d'honneur à côté de Jésus. Depuis le temps qu'ils sont avec Jésus, ils n'ont pas compris que de tels postes n'existent pas. Les autres s'indignent, non pas parce qu'eux ont compris, mais sûrement que chacun d'entre eux aurait souhaité qu'un tel poste lui soit octroyé sans demander.
Les disciples entendent leur maître qui leur parle de son futur départ. Alors, ils se posent la question de : quelle récompense aurons-nous ? S'il n'y a pas de récompense d'argent et du matériel, au moins ils peuvent avoir le pouvoir. Jésus les invite à la réflexion en leur posant la question de savoir s'ils pourront boire la coupe qu'il boit. Des honneurs qu'ils réclament, ils sont ramenés à la passion. La distance entre les deux réalités semble énorme. Il y a d'un côté une économie politique et de l'autre une économie du salut. D'un côté des amoureux du pouvoir dominateur, et de l'autre des serviteurs prêts à donner leur vie pour les autres
Les deux fils de Zébedée demandent à Jésus une parcelle de pouvoir. Ils le font d'une manière aussi explicite que cela suscite l'indignation des autres disciples.
Ils sont avides de pouvoir, ils veulent des portefeuilles ministériels. Ils sont convaincus que Jésus va former un gouvernement et que des places importantes vont leur être accordées. La question qu'ils posent s'avère bien maladroite. Elle exprime un malaise évident dans les rangs des apôtres. Ils veulent se rassurer avant la mort de Jésus qu'il vient lui-même de leur annoncer.
Pour eux, l'attente est quelque peu déçue parce que le Roi qui était annoncé devait être puissant. Ils ne comprennent

pas comment ce Messie, qui était tant attendu, arrive maintenant comme un être fragile. Il faut alors prendre le devant. Jésus leur dit qu'il est venu verser son sang comme rachat pour la multitude. Et eux ne comprennent pas.

Il n'y a pas que de politiciens qui sont attirés par le pouvoir, même en Église, on trouve des gens qui écrasent les autres par leur gestion abusive de l'autorité qu'ils ont reçue. Au lieu de mener la lutte pour la foi comme dit saint Paul (Phil. 1,27), eux ils se livrent à la lutte pour le pouvoir. Pourtant le pouvoir qui vient de Dieu devrait se gérer sur le modèle de Jésus qui veut que nous soyons des serviteurs de tous. Lui a accepté de se faire petit et de donner sa vie en rançon pour la multitude.

Le problème est que dans l'Église, lieu de service, beaucoup pensent détenir le pouvoir. Maurice Zundel avait raison de dire : « Tant que des hommes d'Église poseront le problème de la Foi et de l'Évangile en termes de pouvoir, ils manqueront l'essentiel. » Jésus est très clair là-dessus. Il s'adresse à tous ceux-là en disant : « Parmi vous, il n'en sera pas ainsi. » Il demande à ceux qui optent pour son Évangile d'aller à contre-courant des modes que présente notre société humaine. Son disciple doit apprendre à devenir petit, à servir et à donner sa vie pour la cause de l'amour.

On peut être un bon croyant pratiquant sans échapper à la tentation du pouvoir. Ce qui compte ce n'est pas le nombre de fois qu'on va à l'Église, c'est plutôt de savoir quel élan nous porte tous les jours dans notre démarche de foi. Avons-nous vraiment l'esprit du Christ ? D'un Christ serviteur ?

Jésus nous invite à trouver notre grandeur dans la présence, l'amitié, la compassion, la dignité humaine. Il veut que nous trouvions notre bonheur, non pas dans la rivalité, mais dans un regard d'amour partagé et dans un geste de tendresse. Son royaume se trouve dans ces espaces de nos vies où les petits gestes d'amour transfigurent les êtres humains qui nous y rejoignent. Mère Teresa disait : « Ne laissez personne venir à vous et repartir sans être plus heureux. »

X.3. Le pouvoir royal du Christ

Au moment où l'Église reconnaît Jésus comme le Roi de l'Univers, par exemple à la fête du Christ Roi de l'Univers, paradoxalement, lui, Jésus affirme qu'il est Roi, mais pas à la manière de ce monde. Jésus considère comme impertinente la question de Pilate pour savoir s'il était roi ou non. Il n'y répond pas. Il ne répond pas à une question trop politique. Il ne veut pas entrer dans un jeu préparé par les politiques. Il ne veut pas non plus en répondant par le positif donner l'illusion aux juifs qu'ils peuvent compter sur lui pour former une armée afin de combattre l'autorité ou l'occupation romaine.
Ce Roi est accueilli avec pompes, mais avec, de sa part, des signes qui ne correspondent pas à nos rois de la terre. Il est spécial, ce Roi monté sur un ânon. Sa Royauté n'est pas de ce monde. Son pouvoir se trouve dans l'établissement de la vérité. Cela dépasse l'entendement de Pilate qui pose la question : « Qu'est-ce que la vérité ? » La vérité c'est Jésus lui-même, parce qu'il avait déjà affirmé : « Je suis le chemin, la Vérité et la vie. » Il vient ouvrir des chemins de la vérité qui mènent les hommes à la vie. Jésus est un tout-puissant. Il est un *Pantacrator* qui règne au-dessus de nos têtes.

Il opte, comme route de procession pour son intronisation, le chemin de la croix. À la place des honneurs et des acclamations, le mal et la haine l'accompagnent. Il est injurié, ridiculisé et tourné en dérision. Le poids de tout cela pèse sur lui et le pousse à l'agonie. C'est à ce moment précis que le dit Bon Larron sort une parole positive qui contredit toutes les colères et les méchancetés. Sa parole est douce et pleine de vérité. « Il n'a rien fait de mal. Jésus, souviens-toi de moi quand tu viendras inaugurer ton règne. »
Le Seigneur est roi, il n'y a pas de doute, mais d'une façon tout à fait paradoxale. C'est par la croix qu'il manifeste sa royauté. Il est rejeté et persécuté par les siens. Ce geste est un soutien sans faille pour tous ceux qui sont persécutés pour la justice et la vérité. Ils devront désormais se sentir chez eux dans son royaume. Il accueille dans sa royauté les chercheurs de la vérité et de l'amour.

Mon royaume n'est pas de ce monde : Jn 18,33-37

« *Pilate rentra dans le prétoire, appela Jésus et lui dit : "Es-tu le roi des Juifs ?" Jésus [lui] répondit : "Est-ce de toi-même que tu dis cela ou d'autres te l'ont-ils dit de moi ?" Pilate répondit : "Suis-je un Juif, moi ? Ta nation et les chefs des prêtres t'ont livré à moi. Qu'as-tu fait ?* " Jésus *répondit : "Mon royaume n'est pas de ce monde. Si mon royaume était de ce monde, mes serviteurs auraient combattu pour moi afin que je ne sois pas livré aux Juifs ; mais en réalité, mon royaume n'est pas d'ici-bas." Pilate lui dit : "Tu es donc roi ?* " *Jésus répondit : "Tu le dis, je suis roi. Si je suis né et si je suis venu dans le monde, c'est pour rendre témoignage à la vérité. Toute personne qui est de la vérité écoute ma voix."* »

La royauté du Christ n'est pas de ce monde, affirme-t-il ici. Cela ne signifierait-il pas simplement qu'elle est au-dessus de toutes les dynasties impériales de ce monde ? Jésus est le roi des rois, celui qui vient apprendre à nos rois comment être vraiment roi. Il est couronné d'épines et finit en gloire. Vaut mieux aller dans ce sens que dans le sens inverse : commencer par la gloire pour finir avec les épines dans l'au-delà. Quelle leçon !

Ici, dans ce texte de l'Évangile, Jésus et Pilate s'engagent dans un dialogue de sourds. D'une façon obsessionnelle, Pilate embête Jésus avec cette question : « Es-tu le roi ? » En réalité, Pilate a peur de cet homme dont on dit qu'il est le roi des juifs. Lui qui incarne le pouvoir romain craint un contre-pouvoir. Pourtant la royauté de Jésus est plus grande que ce qu'on pense. Jésus est roi de l'Univers. Il ne sait pas lui-même par quel signe représenter cette royauté. Pour confondre le monde, il choisit ce que le monde juge de ridicule : il est un roi sans terre, c'est-à-dire sans un espace limité, son sceptre est un roseau, sa couronne est faite d'épines, et son trône est une croix. Quelle folie ! On ne peut comprendre cela que si l'on pense que sa royauté ne vient pas de ce monde. Jésus ne prend pas le pouvoir au sens où on l'entendrait ici-bas, mais il vient faire grandir la liberté qu'il donne à chacun de ceux qui le suivent et qui se détachent du pouvoir qui enchaîne. Le voilà qui nous montre le chemin du salut.

Le pouvoir de Jésus n'a rien à imposer à l'homme. Il est plutôt expression de l'amour de Dieu pour l'humanité.

En venant vers celle-ci, Dieu lui fait le don de la vie.
Le Christ vient changer nos manières de concevoir la royauté et le pouvoir. Nous devrions entrer dans sa liberté afin d'être roi de nos vies, ce qui veut dire accepter notre propre liberté en écoutant la voix qui nous rend libres parce que vraie. Que l'exercice de nos pouvoirs et de nos royautés se fasse à la manière du Christ libre, pauvre et confiant. Le Christ est un roi d'amour, et non un roi d'armée.
Le Christ est un roi qu'on ne sert pas. Il n'est pas venu pour être servi, mais pour servir et donner sa vie pour le salut de la multitude. Il n'est pas un roi qui s'enferme dans les palais somptueux. Il renverse les rôles : il se met au service de ses sujets. Jésus s'occupe de ceux qui ne comptent pas : les affamés, les prisonniers, les mal-vêtus. Il vient offrir son amour, même pour ceux que le monde regarde comme les indignes de l'amour.
Le pouvoir de l'Église devrait être le Service. Servir Dieu et servir ses frères : Dieu nous appelle à être serviteurs. Que veut dire ce mot « serviteur » ? C'est celui qui est toujours prêt, disponible, capable de réagir à l'attente de celui qu'il sert. C'est quelqu'un qui est toujours disponible quand son Maître a besoin de lui.
Dieu nous invite à revêtir la tenue de service. Cela signifie simplement qu'il faut que nous nous mettions au service d'un monde nouveau. Il nous faut utiliser nos mains et nos esprits pour apporter à nos frères ce que le Seigneur nous commande : l'amour au concret. Il s'agit d'être attentif à ce qui, en nous et autour de nous, est révélateur de la présence de Jésus et de son Esprit.

X.4. Le pouvoir trouve son sens dans le service

La logique de Jésus défie toute convenance sociale en demandant que le serviteur soit plus grand que le maître. Ce renversement n'a rien à voir avec un changement d'ordre politique ou social. Il s'agit d'une invitation à l'amour vrai qui est un amour humble où le rang social n'a aucune importance et où l'amour seul compte, un amour entendu comme don gratuit à tous sans distinction.

Quel chef se mettrait à table pour servir : Lc 17,7-10

« *Lequel d'entre vous, quand son serviteur vient de labourer ou de garder les bêtes, lui dira à son retour des champs : "Viens vite à table ?" Ne lui dira-t-il pas plutôt : "Prépare-moi à dîner, mets-toi en tenue pour me servir, le temps que je mange et que je boive. Ensuite tu pourras manger et boire à ton tour." Sera-t-il reconnaissant envers ce serviteur d'avoir exécuté ses ordres ? De même vous aussi, quand vous aurez fait tout ce que Dieu vous a commandé, dites-vous : "Nous sommes des serviteurs quelconques : nous n'avons fait que notre devoir."* »

Un maître qui se fait serviteur, cela n'entre pas dans la logique humaine. Mais l'Évangile de Saint Luc n'en est pas à la première démonstration : déjà en Luc 12,35-38, Jésus confirme que le maître se fera serviteur des esclaves trouvés vigilants à son retour. Jésus veut provoquer une réflexion de notre part. Souvent les hommes se comportent comme des mercenaires en attente d'une récompense chaque fois qu'ils sont fidèles et posent des actes bons. Ce qui explique l'incompréhension de l'homme lorsqu'il lui arrive des épreuves dans la vie. Souvent elles sont vécues comme une injustice de la part de Dieu qui ne voit pas le bien que l'on a fait.

La scène présentée par cette parabole est déconcertante car elle veut renverser les rôles dans l'ordre social en proposant que les maîtres se mettent au service de leurs serviteurs. Elle pose la question de savoir si les maîtres se montrent reconnaissants lorsque leurs serviteurs ont rempli leurs devoirs.

Du côté des serviteurs, la parabole invite à la joie d'avoir bien fait son devoir. Il ne faut pas s'enliser dans une autosatisfaction qui donnerait le sentiment d'être utile et indispensable. Il y a souvent l'attente d'une reconnaissance qui généralement ne vient pas d'autant plus que la gratitude est moins pratiquée dans le service d'Église.

Lorsqu'on se fixe sur cette reconnaissance et qu'on l'attend de toutes ses énergies, il y a la tentation de penser que le salut que nous attendons dans l'espérance devrait être une récompense de nos actes de foi. Le salut n'est pas le couronnement par Dieu de notre travail. Il n'y a pas de lien entre nos œuvres et le salut donné par Dieu. Le Seigneur nous demande pourtant d'avancer fidèle à notre foi, en étant croyant contre toute espérance, donc contre toute évidence. L'amour est gratuit. Il se donne sans rien attendre en retour. Pourtant dans Lc 12,27, le Seigneur, lorsqu'il retrouve ses serviteurs en train de veiller, les fait asseoir et met son tablier pour les servir. La leçon que le Seigneur donne est claire. Pour lui, il y a un moment pour servir et un moment pour être servi. Ce qui est important c'est la disponibilité qu'il attend de tous sans contrepartie. Il tient à éviter la tentation de penser à la grandeur de nos œuvres, de nos forces, de nos connaissances, de notre pouvoir pour attendre une récompense correspondante. C'est ainsi qu'il interpelle les disciples qui se disputent sur celui qui serait le plus grand parmi eux. Il se présente « comme celui qui sert. » Lc 22,24-27. En nous invitant à l'humilité, il montre lui-même l'exemple parce qu'« il s'est anéanti lui-même, prenant notre condition d'esclave en devenant semblable aux hommes. »

ACTES DES APÔTRES 6 : DIACONAT = SERVICE

Les difficultés que connaissent les premières communautés chrétiennes nous disent combien tous nos groupements humains ne sont pas épargnés des problèmes de justice et de distribution égale des biens. L'important n'est pas de constater cela, mais il importe surtout de tenter de trouver une solution. L'Église, communauté des croyants, est une structure humaine, tout aussi solide que fragile. Solide parce qu'elle est conduite par l'Esprit du Seigneur, mais fragile par le côté humain qui constitue une de ses dimensions réelles.

Les Actes des apôtres racontent une de ces difficultés. Les frères de la langue grecque sont fâchés. Ils ont l'impression que les frères de langue hébraïque négligent leurs veuves dans la distribution des vivres. On le voit : l'ouverture de l'Église primitive de la souche judaïque aux communautés d'autres cultures ne se fait pas d'une manière facile et automatique. On choisit et on privilégie les siens.

Pour résoudre cette question qui risque de générer des tensions vives, l'assemblée des disciples est convoquée. Comme ils ont le sens de la démocratie ! Leurs grandes décisions sont prises d'une façon communautaire, et donc synodale. Les décisions ne sont pas l'apanage de seuls apôtres à la tête de la corporation. C'est lorsque le discernement collectif confié à l'Esprit Saint trace la ligne que les choix sont acceptés.

Dans l'assemblée, les apôtres redisent comment répartir les tâches d'après les trois grands piliers de la vie en Église : prier, célébrer et servir. Chacun peut s'inscrire dans l'un de ces piliers et apporter sa part à la construction de l'Église. C'est ainsi que le ministère de service fut instauré.

CHAP. XI. RECONNAÎTRE DIEU DANS L'ÉTRANGER À NOS CÔTES : EMMAÜS

La conception du pouvoir par Jésus ne correspond pas avec notre manière de l'apercevoir. Les disciples d'Emmaüs sont déçus parce qu'ils attendaient autre chose de Jésus. Ils pensaient qu'il viendrait se battre pour installer un pouvoir politique qui les délivrerait de l'occupation romaine. Jésus installe plutôt un autre pouvoir à nos côtés.

Le récit d'Emmaüs dévoile le mystère d'un Jésus toujours là lorsque nous doutons et nous nous posons des questions. Il nous accompagne dans nos divers cheminements humains. L'expression qui traduirait parfaitement la scène de la rencontre de Jésus avec les disciples d'Emmaüs est celle utilisée par le Psaume 85 lorsqu'il dit : « Amour et vérité se rencontrent. » Jésus est cet amour personnifié qui vient rencontrer ces hommes qui lui livrent la vérité de leur cœur, dans toute sa nudité et dans toute sa fragilité. Lorsque la vérité et l'amour se rencontrent c'est pour produire le bonheur et la vie.

En effet, l'Amour de Dieu vient rencontrer Cléophas et son compagnon sur la route vers Emmaüs. Cet Amour

vient les trouver là où ils en sont dans leur cheminement spirituel et humain. Il veut aller avec eux progressivement vers un au-delà de leur situation d'affliction. Cet Amour-Dieu les accompagne, en les interrogeant, en les éclairant. Il essaie même d'embraser leur cœur.
La vérité c'est que ces gens sont humainement déçus. Ils vivent une situation d'échec cuisant. Ils exposent à cet étranger leur impossibilité de comprendre et acceptent peu à peu de se faire guider par lui. Ils se laissent consoler par lui et découvrent le sens des événements.
La découverte de l'Amour de Dieu leur donne la soif de communion, celle qu'ils retrouvent en reprenant le chemin de Jérusalem pour rejoindre la communauté qu'ils avaient abandonnée peu avant.
Les disciples d'Emmaüs nous révèlent une vérité de notre vie spirituelle : ne jamais avoir peur de dire à Dieu toute la vérité de nos échecs de la vie, de nos souffrances, de nos incompréhensions de la Croix qui nous atteignent dans notre humanité.

Le Récit des disciples d'Emmaüs : Lc 24,13-53

« *Et voici que, ce même jour, deux d'entre eux faisaient route vers un village du nom d'Emmaüs, distant de Jérusalem de soixante stades, et ils conversaient entre eux de tout ce qui était arrivé. Et il advint, comme ils conversaient et discutaient ensemble, que Jésus en personne s'approcha, et il faisait route avec eux ; mais leurs yeux étaient empêchés de le reconnaître. Il leur dit : "Quels sont donc ces propos que vous échangez en marchant ?" Et ils s'arrêtèrent, le visage sombre. Prenant la parole, l'un d'eux, nommé Cléophas, lui dit : "Tu es bien le seul habitant de Jérusalem à ignorer ce qui y est arrivé ces jours-ci !". "Quoi donc ?" leur dit-il. Ils lui dirent : "Ce qui concerne Jésus le Nazaréen, qui s'est montré un prophète puissant en œuvres et en paroles devant Dieu et devant tout le peuple, comment nos grands prêtres et nos chefs l'ont livré pour être condamné à mort et l'ont crucifié. Nous espérions, nous, que c'était lui qui allait délivrer Israël ; mais avec tout cela, voilà le troisième jour depuis que ces choses sont arrivées ! Quelques femmes qui sont des nôtres nous ont, il est vrai, stupéfiés. S'étant rendues de grand matin au tombeau et n'ayant pas trouvé son corps, elles sont revenues nous dire qu'elles ont même eu la vision d'anges qui le disent vivant. Quelques-uns des nôtres sont allés au tombeau et ont trouvé les choses tout comme les femmes avaient dit ; mais lui, ils ne l'ont pas vu !" Alors il leur dit : "O cœurs sans intelligence, lents à croire à tout ce qu'ont annoncé les Prophètes ! Ne fallait-il pas que le Christ endurât ces souffrances pour entrer dans sa gloire ?" Et, commençant par Moïse et parcourant tous les Prophètes, il leur interpréta dans toutes les Écritures ce qui le concernait. Quand ils furent près du village où ils se rendaient, il fit semblant d'aller plus loin. Mais ils le pressèrent en disant : "Reste avec nous, car le soir tombe et le jour déjà touche à son terme." Il entra donc pour rester avec eux. Et il advint, comme il était à table avec eux, qu'il prit le pain, dit la bénédiction, puis le rompit et le leur donna. Leurs yeux s'ouvrirent et ils le reconnurent... mais il avait disparu de devant eux. Et ils se dirent l'un à l'autre : "Notre cœur n'était-il pas tout brûlant au-dedans de nous, quand il nous parlait en chemin, quand il nous expliquait les Écritures ?" A cette heure même, ils partirent et s'en retournèrent à Jérusalem. Ils trouvèrent réunis les Onze et leurs compagnons, qui dirent : "C'est bien vrai ! Le*

Seigneur est ressuscité et il est apparu à Simon !" Et eux de raconter ce qui s'était passé en chemin, et comment ils l'avaient reconnu à la fraction du pain. Tandis qu'ils disaient cela, lui se tint au milieu d'eux et leur dit : "Paix à vous !" Saisis de frayeur et de crainte, ils pensaient voir un esprit. Mais il leur dit : "Pourquoi tout ce trouble, et pourquoi des doutes montent-ils en votre cœur ? Voyez mes mains et mes pieds ; c'est bien moi ! Palpez-moi et rendez-vous compte qu'un esprit n'a ni chair ni os, comme vous voyez que j'en ai." Ayant dit cela, il leur montra ses mains et ses pieds. Et comme, dans leur joie, ils ne croyaient pas encore et demeuraient saisis d'étonnement, il leur dit : "Avez-vous ici quelque chose à manger ? Ils lui présentèrent un morceau de poisson grillé. Il le prit et le mangea devant eux. Puis il leur dit : "Telles sont bien les paroles que je vous ai dites quand j'étais encore avec vous : il faut que s'accomplisse tout ce qui est écrit de moi dans la Loi de Moïse, les Prophètes et les Psaumes." Alors il leur ouvrit l'esprit à l'intelligence des Écritures. »

Deux mouvements retiennent l'attention dans ce récit : il y a d'un côté le bouleversement comme réponse à la Résurrection et de l'autre le retournement comme conséquence de l'affrontement à la réalité mystérieuse de la Résurrection.

XI.1. Bouleversement et retournement

La nouvelle de la résurrection est bouleversante. Les apôtres et quelques femmes sont évidemment bouleversés. Ils avaient mis tous leur espérance en Jésus, comme leur libérateur et leur sauveur. Les voilà déçus : ils vivent l'expérience d'un vrai abandon et d'un profond dénuement.

Ils se sentent trahis dans leur fidélité à un maître, ils sont démunis, désorientés et sans défense ; ils sont seuls et abasourdis. Ils éprouvent une expérience du vide devant leurs attentes par rapport à Jésus Roi qui serait venu faire quelque chose pour eux au niveau politique et social. Ils sont troublés par l'absence du corps dans le tombeau, par l'apparition des anges qui disent qu'il est vivant.
Le témoignage des femmes est déconcertant. Est-il vraiment véridique ? L'authenticité du témoignage des femmes n'est pas évidente. Il y a un doute. Quelques compagnons vont aller pour labelliser ce témoignage. Puis il y a ces deux disciples qui quittent et rentrent, très désappointés, à Emmaüs. Ils marchent et sont presqu'en fuite ou en déroute.
Ils vivent un véritable retournement, ces deux disciples, Cléophas et son compagnon, sur le chemin qui les mène à Emmaüs. Ils discutent, et se disputent sur ce qui vient de se passer, sur l'actualité de leur milieu de vie. Ils avaient besoin de raconter un peu, de partager un peu ce qu'ils viennent de vivre douloureusement. La mort de leur Seigneur les dépasse. Mais en partageant, ils espèrent trouver une consolation, et les voilà qui obtiennent plus que cela de celui qui est toujours présent dans nos questionnements. De sa part, ils reçoivent le vrai sens de la mort et de la résurrection de Jésus. Un sens surgit de leur expérience douloureuse pour leur donner du goût à la vie.
Devant cet échec de leur histoire de vie, ils se sentent impuissants. Ils sont devant une impasse psychologique, et devant un non-sens théologique. Sur la route, ils sont dans l'obsession de leur échec et leurs yeux sont comme aveuglés. Pris par leur propre détresse, ils s'enferment

dans leurs petits mondes et ne peuvent pas voir plus loin. C'est à ce moment-là qu'un inconnu se joint à eux et décide de faire route avec eux. Il s'intéresse à leur vie et à leur discussion. Cette apparition du Christ sur la route est une preuve que Jésus a vaincu la mort, et qu'il est vivant. Comme ils discutent en marchant, ils sont étonnés du fait qu'il ignore toute l'actualité de leur région. Ils lui racontent donc leur tristesse et lui disent leur perte d'espérance. Cet inconnu, qui est le Seigneur lui-même, ne laisse pas passer l'occasion pour leur donner un enseignement de ce qui le concernait dans la Bible, parce qu'il sait que cette parole qu'il partage avec eux est une parole qui ravive l'espérance et qui relève. Ces explications qu'il donne pour comprendre ne suffisent pas. Leurs yeux ne pourront s'ouvrir et leurs cœurs brûlant s'apaiser que dans une action de grâce, ils entrent en contact avec Jésus lui-même.
Ce qui est remarquable est que le Seigneur les rejoint là où ils en sont sur leur chemin de foi. Il les trouve sur leur route, signe qu'il vient toujours rencontrer le genre humain là où il est. Jésus est un Dieu proche de l'homme. Il nous rejoint là où nous sommes, avec nos questionnements liés notre existence et à notre foi, afin de nous donner le courage et l'ultime opportunité de renaître à l'espérance.
La situation géographique de cette rencontre est révélatrice de l'attitude du Seigneur par rapport à l'homme qu'il accompagne sur son chemin de vie. Jésus ne leur dit pas tout de suite de retourner parce qu'ils allaient vers un vide sans consolation. Jésus n'impose rien à ses amis, il va avec eux dans leur sens tout en essayant de discuter avec eux, tout en corrigeant leurs vues courtes de sa nature et de sa mission.

Ces croyants sont déçus. Ils sont inconsolables. Ils discutent sur ce qui vient d'arriver et ne comprennent pas. Ils fuient Jérusalem, la ville qui a tué Jésus, le Seigneur. Ils vivent tous les deux un moment de fatigue morale et psychologique. Ils n'ont pas d'argument théologique pour s'expliquer ce qui vient d'arriver. Ils sont en panne d'espérance. Et à ce moment précis où ils tournent en rond, survient Jésus incognito. Il est l'inconnu qui s'intéresse à leurs vies et à leur histoire. Il les surprend et les rejoint là où ils sont. Il veut entrer dans ce qui les concerne.
Cette rencontre surprise se passe d'abord difficilement. Les deux marcheurs font de vifs reproches à cet inconnu qui les rejoint parce qu'il se présente comme celui qui ignore l'actualité de la région. Il est le moins informé de tous ceux qui habitent la contrée. Il est censé connaître ce que tout le monde sait.
Les deux disciples lui refont la revue de presse en lui racontant ce qu'il semble ignorer. Mais ils ne racontent pas seulement l'évènement, ils disent leur lien à l'évènement et présente leur échec qui est celui de leur maître. C'est là que l'histoire devient intéressante parce que leur compagnon de fortune écoute et se rend compte de leur niveau de foi. Ils parlent de lui sans savoir. Lui, profite de l'occasion, pour apporter des précisions sur ce qui le concerne.
Ensemble, ils continuent la route vers Emmaüs. Jésus vient les mettre d'accord sur ce qu'ils discutaient en marchant. Lui, leur apporte des arguments théologiques, pour qu'ils comprennent ce qui vient d'arriver. Mais ces développements théologiques ne suffisent pas pour convaincre, et ne leur ouvrent pas les yeux. La parole seule ne suffit pas. Il faut aussi des actes de communion entre les hommes. C'est le partage du pain entre frères

qui les change complètement : ils deviennent des missionnaires et se mettent en route. La communion ouvre les yeux et fait brûler les cœurs. La rencontre du Christ de la résurrection détruit le découragement et la lassitude pour ouvrir les concernés au renouveau.
Jésus eucharistique relève ces disciples, les remet debout et leur donne la force d'ouvrir les yeux afin de se mettre en route pour commencer la mission en allant le communiquer, lui, à la communauté des frères. C'est ainsi qu'ils retournent à Jérusalem.
C'est à travers le pain de l'eucharistie que le Seigneur se donne, se révèle et se fait découvrir. Les disciples découvrent le Seigneur à la table du partage. Le pain de vie concède à la parole sa force. Lorsque ce pain de l'eucharistie pousse la parole vers la mission, la parole elle-même relève lorsqu'elle est partagée autour du rassemblement à la table de ceux qui se sentent frères, et qui sont dans la communion.

XI.2. La joie d'Emmaüs

Cléophas et son compagnon empruntent une route difficile, ils marchent sans but, désespérés et sans aucun objectif, vers la nuit. Le découragement est quelque chose de très humain. Il est l'expression d'un mauvais accueil d'une situation difficile.
Mais la visée, ou l'objectif du texte, n'est pas de nous enfoncer dans ce qu'il y a de négatif dans nos vies, même si c'est humain. Il s'agit plutôt d'enflammer notre cœur, d'ouvrir les yeux et de nous faire rencontrer le Christ Ressuscité. La résurrection est un événement qui ouvre à une nouvelle intelligence des Écritures.

Jésus ne se cache pas. Il est le même qui avait cheminé avec ces disciples même s'ils ne l'ont pas tout de suite reconnu. Il choisit simplement de faire route avec ces deux disciples fatigués et déçus. Il veut toucher les cœurs de ceux qui se disent ses disciples pour leur faire découvrir de l'intérieur la joie et la paix qu'il leur apporte par sa Pâque, donc par sa Résurrection.
Ces disciples n'ont pas tout oublié des enseignements du Christ, malgré leurs lassitudes. Ils lui racontent d'ailleurs ce qu'ils savent : que selon les Écritures le Christ souffrirait afin d'entrer dans la gloire. Mais comment ferait-il le passage ? Ils ne savent pas, parce que quelques femmes sont venues raconter une histoire du tombeau vide et une apparition d'ange qu'ils ne comprennent pas.
On le voit : le compagnon de Cléophas n'a pas de nom. C'est la première chose qui étonne dans ce texte. Cela signifie qu'il pourrait être chacun de nous. Chacun de nous pourrait mettre son prénom, ou son nom carrément, sur ce compagnon. Une autre chose surprenante est que leurs yeux s'ouvrirent à la fraction du pain.
Le récit des disciples d'Emmaüs montre comment les disciples passent par des étapes jusqu'à la découverte du Christ vivant au milieu d'eux. Ils ne comprennent pas d'emblée ce qui arrive. Ils ne reconnaissent pas tout de suite le Christ. Pour eux, tout était fini. Ils ne pouvaient pas s'imaginer que celui qui était mort sur le bois du supplice pouvait encore être vivant.
Ils sont habités par la tristesse, la déception et la perplexité. Tout les chagrine et fait partie de leurs échanges. Quel exemple ? Au lieu de se refermer sur soi-même lorsque les problèmes et les souffrances de la vie nous pèsent, allons les partager avec d'autres. Eux sont allés

même plus loin, en s'ouvrant directement à un étranger. Et c'est ce dernier qui va les entrainer vers la lumière des Écritures. C'est un moment de maturité et d'approfondissement. Ils se posent en interlocuteurs avec le Seigneur sans le savoir, mais tout doucement ils comprennent que le Tout autre est le Dieu vivant présent dans nos marches de la vie. C'est en marchant avec nos frères, nos semblables, ceux qui partagent le même destin que nous, que nous pourrons découvrir le Ressuscité.
Sur nos chemins de vie, nous sommes condamnés à partager nos récits, à nous raconter dans le récit, à écouter, en le recevant, le récit de l'autre, et à se faire l'hôte du récit de l'autre. La révélation se fait à travers ces récits racontés, on se découvre et on découvre l'autre, et l'Autre.
L'histoire des disciples d'Emmaüs présente les disciples comme des personnes perdues, qui ne se reconnaissent plus. Ils ne s'imaginent pas le Seigneur Jésus à leurs côtés. Ils lui décrivent les faits qu'ils ont vécus avec stupéfaction. Ils sont face à Dieu sans le voir, ni le reconnaître, mais il lui parle quand même. L'enjeu de ce récit est de reconnaître Dieu dans nos vies, dans nos histoires et dans nos existences. Dieu nous parle à travers l'étranger qui est à notre côté.

XI.3. Les nouveaux missionnaires vont vers l'Église

Après avoir découvert le Seigneur dans le pain de vie partagé, les disciples d'Emmaüs vont vers les apôtres pour leur annoncer la Bonne Nouvelle : ils avaient rencontré

le Seigneur. Ils deviennent des témoins. Ils racontent ce qu'ils ont compris lorsque Jésus leur a ouvert l'esprit à l'intelligence des Écritures. Ils annoncent que Jésus est vraiment le Messie dont parle l'Ancien Testament et prennent conscience que leur attente était mal placée. Jésus n'était pas, comme ils pensaient, un homme politique qui viendrait entrer dans des combats tactiques inutiles. Il n'était pas un messie triomphant et puissant, mais plutôt un messie humble qui va passer par la croix. La royauté de Jésus n'est pas de ce monde, elle est plutôt une royauté de la joie, de la paix, du salut et de la vie.
Du statut des disciples déçus, ils deviennent des missionnaires joyeux capables d'aller proclamer la résurrection du Christ. Ils vont désormais rejoindre la communauté de l'Église pour être avec elle témoins de la Bonne Nouvelle. Ils vont donner aux autres ce qu'ils ont reçu. On ne peut donner que ce qu'on a. Le disciple qui se nourrit de la Parole et du Corps du Christ est capable de donner ce qu'il a reçu. Mais celui qui ne s'en nourrit pas, n'a rien à offrir aux autres.
En revenant vers les apôtres, ces disciples d'Emmaüs viennent chercher l'aval, mais aussi l'appui de la communauté de l'Église pour que leur témoignage, dans le travail missionnaire qu'ils entreprennent, soit authentifié. C'est l'Église qui donne crédibilité à la révélation que l'on reçoit individuellement ou en groupe. C'est elle qui autorise d'aller vers les autres pour leur annoncer la Bonne nouvelle. Il faut marcher d'un même pas et parler d'une même voix pour que le témoignage soit véridique. Ils sont désormais ses témoins à la face du monde.

Jésus quitte ses disciples en les responsabilisant : Lc 24,46-53

« Il leur dit : "Ainsi est-il écrit que le Christ souffrirait et ressusciterait d'entre les morts le troisième jour, et qu'en son Nom le repentir en vue de la rémission des péchés serait proclamé à toutes les nations, à commencer par Jérusalem. De cela vous êtes témoins. Et voici que moi, je vais envoyer sur vous ce que mon Père a promis. Vous donc, demeurez dans la ville jusqu'à ce que vous soyez revêtus de la force d'en-haut." Puis il les emmena jusque vers Béthanie et, levant les mains, il les bénit. Et il advint, comme il les bénissait, qu'il se sépara d'eux et fut emporté au ciel. Pour eux, s'étant prosternés devant lui, ils retournèrent à Jérusalem en grande joie, et ils étaient constamment dans le Temple à bénir Dieu. »

Le texte raconte une séparation, celle du Seigneur d'avec ses disciples. C'est l'Ascension. Le ciel s'ouvre pour qu'il s'y engouffre, et les disciples après s'être prosternés devant lui, s'en retournèrent à Jérusalem pleins de joie. Généralement, la séparation fait mal et engendre la tristesse. Mais celle-ci, étonnamment, donne la joie. C'est la joie à transmettre, la joie à apporter aux autres. La joie constitue un élément important à emporter dans le sac de la mission.

Ils sont heureux parce que le Seigneur leur a donné une promesse qu'il ne les laissera pas orphelins. Ils auront l'Esprit saint qui les accompagnera et les défendra. Ils sont heureux pour eux-mêmes à cause de cette promesse qui les rassure, mais ils sont aussi heureux pour leur Seigneur parce qu'ils se rendent compte que leur Seigneur n'est pas mort et perdu, ils sont certains qu'il est entré dans la gloire.

XI.4. Jésus opère des miracles même après sa mort

Chaque apparition de Jésus est une occasion pour réveiller la foi chez les disciples. Humainement parlant, la Résurrection n'est pas évidente. Jésus passe par ces apparitions pour faire comprendre la Résurrection. Il est vivant. Il le prouve en appelant ses disciples par leur prénom : « Thomas avance ton doigt… » Et en les interpellant ainsi, Jésus veut les intégrer dans le mystère de sa Résurrection. Il veut que la Lumière de la Résurrection envahisse notre quotidien et notre existence. Il veut que le contact que nous pourrons avoir avec lui transforme non seulement nos doutes en une foi solide, mais qu'elle change aussi toute notre vie. Le texte de la pêche miraculeuse nous en dit quelque chose.

La pêche miraculeuse : Jn 21,1-25

« *Après cela, Jésus se montra encore aux disciples sur les rives du lac de Tibériade. Voici de quelle manière il se montra. Simon Pierre, Thomas, appelé Didyme, Nathanaël, qui venait de Cana en Galilée, les fils de Zébédée et deux autres disciples de Jésus se trouvaient ensemble. Simon Pierre leur dit : "Je vais pêcher." Ils lui dirent : "Nous allons aussi avec toi." Ils sortirent et montèrent [aussitôt] dans une barque, mais cette nuit-là ils ne prirent rien. Le matin venu, Jésus se trouva sur le rivage, mais les disciples ne savaient pas que c'était lui. Il leur dit : "Les enfants, n'avez-vous rien à manger ? " Ils lui répondirent : "Non." Il leur dit : "Jetez le filet du côté droit de la barque et vous trouverez." Ils le jetèrent donc et ils ne parvin-*

rent plus à le retirer, tant il y avait de poissons. Alors le disciple que Jésus aimait dit à Pierre : "C'est le Seigneur ! " Dès qu'il eut entendu que c'était le Seigneur, Simon Pierre remit son vêtement et sa ceinture, car il s'était déshabillé, et se jeta dans le lac. Les autres disciples vinrent avec la barque en tirant le filet plein de poissons, car ils n'étaient pas loin de la rive, à une centaine de mètres. Lorsqu'ils furent descendus à terre, ils virent là un feu de braises avec du poisson dessus et du pain. Jésus leur dit : "Apportez quelques-uns des poissons que vous venez de prendre." Simon Pierre monta dans la barque et tira le filet plein de 153 gros poissons à terre ; malgré leur grand nombre, le filet ne se déchira pas. Jésus leur dit : "Venez manger !" Aucun des disciples n'osait lui demander : "Qui es-tu ?" car ils savaient que c'était le Seigneur. Jésus s'approcha, prit le pain et leur en donna ; il fit de même avec le poisson. C'était déjà la troisième fois que Jésus se montrait à ses disciples depuis qu'il était ressuscité. Lorsqu'ils eurent mangé, Jésus dit à Simon Pierre : "Simon, fils de Jonas, m'aimes-tu plus que ceux-ci ? " Il lui répondit : "Oui, Seigneur, tu sais que j'ai de l'amour pour toi." Jésus lui dit : "Nourris mes agneaux." Il lui dit une deuxième fois : "Simon, fils de Jonas, m'aimes-tu ? " Pierre lui répondit : "Oui, Seigneur, tu sais que j'ai de l'amour pour toi." Jésus lui dit : "Prends soin de mes brebis." Il lui dit, la troisième fois : "Simon, fils de Jonas, as-tu de l'amour pour moi ? " Pierre fut attristé de ce qu'il lui avait dit, la troisième fois : "As-tu de l'amour pour moi ? " et il lui répondit : "Seigneur, tu sais tout, tu sais que j'ai de l'amour pour toi." Jésus lui dit : "Nourris mes brebis. En vérité, en vérité, je te le dis, quand tu étais plus jeune, tu mettais toi-même ta ceinture et tu allais où tu voulais ; mais quand tu seras vieux, tu tendras les mains et c'est un autre qui attachera ta ceinture et te conduira où tu ne voudras pas." Il dit cela pour indiquer par quelle mort Pierre révélerait la gloire de Dieu. Puis il lui dit : "Suis-moi." Pierre se retourna et vit venir derrière eux le disciple que Jésus aimait, celui qui, pendant le souper, s'était penché vers Jésus et avait dit : "Seigneur, qui est celui qui va te trahir ? " En le voyant, Pierre dit à Jésus : "Et lui, Seigneur, que lui arrivera-t-il ? " Jésus lui dit : "Si je veux qu'il vive jusqu'à ce que je revienne, en quoi cela te concerne-t-il ? Toi, suis-moi." Là-dessus, le bruit courut parmi les frères que ce disciple ne mourrait pas. Cependant, Jésus n'avait pas dit à Pierre qu'il ne mourrait pas, mais : "Si je veux qu'il vive jusqu'à ce que je revienne, en quoi cela te concerne-t-il ? " C'est ce disciple qui rend témoignage de ces choses et qui les a écrites, et nous savons que son témoignage est vrai. Jésus a fait encore beaucoup d'autres choses. Si on les écrivait en détail, je ne pense pas que le monde entier pourrait contenir les livres qu'on écrirait. »

Après une nuit de travail sans succès, les disciples sont eux-mêmes témoins d'un miracle. Jésus rend fructueuse leur pêche et il mange avec eux. Jésus fait son apparition au milieu de ses disciples réunis et mange du poisson avec eux. Ils goûtent à une nouvelle saveur de la joie du Ressuscité. Sa présence a un goût d'éternité. C'est bien le même Jésus qui était avec eux, parce qu'il se fait voir avec son corps, et il mange avec eux comme auparavant. C'est bien lui. Ce n'est pas un esprit ou un fantôme. Il les renvoie aux paroles qu'il leur avait dites, et fait, en même temps, une catéchèse en évoquant la Torah, les prophètes et les psaumes. Il fait une exégèse de la parole de Dieu et leur ouvre l'esprit à l'intelligence des Écritures. Comme avec les disciples d'Emmaüs, il refait les deux gestes de la rencontre avec lui : la parole et le repas (l'eucharistie).

Ce repas est accompagné d'un dialogue avec le Ressuscité. Jésus demande par trois fois à Pierre s'il l'aimait et lui recommande d'être fort dans la foi, de croire en lui. Pierre va le faire à sa manière par une profession de foi et en se confiant entièrement à lui : « Seigneur, à qui irions-nous ? Tu as les paroles de la vie éternelle. » (Jn 6,68)
Jésus saisit l'occasion pour dire à Pierre que la belle manière de l'aimer serait de servir les autres. Le Christ confie à ses disciples une mission, celle d'être responsables les uns des autres. Jésus délègue déjà ici un pouvoir pastoral à Pierre et l'invite à l'exercer avec humilité et serviabilité.
Jésus surprend ces disciples entrain de pêcher. Ils le reconnaissent : « C'est le Seigneur ! » Et lui de leur dire, sachant qu'ils étaient découragés et déçus par les efforts d'autant de temps sans succès : « Jetez le filet à droite de la barque, et vous trouverez. » Ils obéissent et font ce que leur Seigneur leur demande. Ils ont confiance. Et voilà qu'ils prennent beaucoup de poissons. L'abondance montre ici la présence du Christ, comme à la multiplication des pains où il y a eu des restes, douze paniers pleins. Nous pouvons donc aussi être attentifs dans nos vies pour y rencontrer le passage du Christ ressuscité : passage du rien au trop, passage d'un horizon qui s'élargit en des possibles insoupçonnés. Ce Jésus qui s'introduit dans nos vies n'est qu'amour.
La mer et le lac ici portent une signification particulière dans l'Évangile. Il existe un écart entre la mer, avec ses remous ou son calme plat, et le rivage, à la limite de la terre ferme, symbole de ce qui, en nous, est fondé sur Dieu, notre rocher.

CONCLUONS

À travers le dialogue, c'est-à-dire la Parole partagée, et par le pain rompu, les choses deviennent claires pour les disciples. Leurs cœurs brûlent du feu de la Résurrection. Ce qui les pousse à aller dire aux autres les merveilles de Dieu. Ils deviennent des témoins de la foi. L'étranger qui nous parle et nous dit une parole qui relève porte désormais le visage de Jésus ressuscité

CHAP. XII : LE ROYAUME COMME LIEU DE LA FÊTE ET LE VIN COMME SIGNE DE CETTE FÊTE

La joie de la fête est souvent symbolisée par le vin. Elle est la grande caractéristique du Royaume que Jésus annonce et instaure en même temps.

Le vin et la fête, chaque fois qu'il en est question dans la Bible ou dans les Évangiles, sont des symboles du Royaume. Le Royaume de Jésus est un royaume du bonheur, donc de la joie. C'est un Royaume voulu par le Seigneur comme lieu de la vie. Ce qui signifie que ceux qui ont choisi de vivre sous le Règne de Dieu vivent dans le bonheur. L'évangéliste Luc l'écrit clairement et sans ambages. Lisons Lc 22,29-30 : « *Et moi, je dispose pour vous du Royaume, comme mon Père en a disposé pour moi. Ainsi vous mangerez et boirez à ma table dans mon Royaume, et vous siégerez sur des trônes pour juger les douze tribus d'Israël.* » Telle est la nature du Royaume de Jésus.

XII.1. Le Royaume de Jésus est un lieu du festin

On le voit donc, Jésus vient instaurer un règne de libération et de paix. Il est le libérateur, la Lumière qui brille désormais dans les ténèbres, celle qui s'est levée sur le peuple qui marchait dans les ténèbres. Il désire le bonheur de l'homme. Il souhaite que l'homme brille de la joie de vivre. Ce bonheur apparaît à travers un bon repas partagé. Le vin a toujours symbolisé dans la tradition biblique, surtout pendant la période des prophètes, le banquet eschatologique (Is25 ; Jl 2). Et même dans le Nouveau Testament, il a gardé la même signification surtout lorsqu'il fait partie des espèces nécessaires à l'Eucharistie comme anticipation de ce même banquet eschatologique ultime. Le vin donne à l'homme la gaieté et la jouissance, le goût d'une vie heureuse.

Parabole des invités au festin : Lc 14,15-24

« *Au cours du repas chez un chef des pharisiens, en entendant parler Jésus, un des convives lui dit : "Heureux celui qui participera au repas dans le royaume de Dieu ! " Jésus lui dit : "Un homme donnait un grand dîner, et il avait invité beaucoup de monde. À l'heure du dîner, il envoya son serviteur dire aux invités : "Venez, maintenant le repas est prêt." Mais tous se mirent à s'excuser de la même façon. Le premier lui dit : "J'ai acheté un champ, et je suis obligé d'aller le voir ; je t'en prie, excuse-moi." Un autre dit : "J'ai acheté cinq paires de bœufs, et je pars les essayer ; je t'en prie, excuse-moi." Un troisième dit : "Je viens de me marier, et, pour cette raison, je ne peux pas venir." « À son retour, le serviteur rapporta ces paroles à son maître. Plein de colère, le maître de maison dit à son serviteur : "Dépêche-toi d'aller sur les places et dans les rues de la ville, et amène ici les pauvres, les estropiés, les aveugles et les boiteux." Le serviteur revint lui dire : "Maître, ce que tu as ordonné est fait, et il reste de la place." Le maître dit alors au serviteur : "Va sur les routes et dans les sentiers, et insiste pour faire entrer les gens, afin que ma maison soit remplie. Car, je vous le dis, aucun de ces hommes qui avaient été invités ne profitera de mon dîner". " »*

Jésus sait que le repas est un moment important de la vie humaine. Il rassemble les gens et leur donne la joie de partager quelque chose ensemble. Ici, dans le repas du royaume, tout le monde est invité, mais on remarque que les riches ne viennent pas parce qu'ils sont empêtrés dans leurs propriétés et dans leurs affaires. Lorsqu'on est satisfait de ce qu'on a, on n'a besoin de rien d'autre. Mais les pauvres, ceux qui sont en manque de quelque chose, s'ouvrent à l'invitation de Jésus.

Et, voilà que la fête est belle parce que le veau gras est tué, les viandes sont bien rôties et la table est servie. Les riches invités sont absents de la noce. Le roi qui marie son fils est déçu. Il s'est donné de la peine inutilement. Mais cela ne fait rien. Le roi ne s'arrête pas là. Cette salle des convives sera remplie de monde. Comme les invités, qui sont libres de leur liberté, ne se présentent pas, le Roi trouve une combine : « Allez donc aux croisées des chemins : tous ceux que vous rencontrerez, invitez-les, ordonne-t-il ». Le repas s'ouvre à tous les paumés de la terre.

L'invitation devient large, adressée à tous ceux qu'on rencontre dans les croisées des chemins. Tout le monde est invité. Ce n'est plus limité. Le Seigneur nous réunit de tous les horizons pour participer à son banquet. Mais avant d'entrer, il nous faut revêtir l'habit des noces : la foi et l'amour. C'est par ces deux signes que l'on reconnaît celui qui suit le Christ.

Les invités au festin des noces : Mt 22,1-14

« *Jésus, prenant la parole, leur parla de nouveau en paraboles, et il dit : "Le royaume des cieux est semblable à un roi qui fit des noces pour son fils. Il envoya ses serviteurs appeler ceux qui étaient invités aux noces ; mais ils ne voulurent pas venir. Il envoya encore d'autres serviteurs, en disant : Dites aux conviés : Voici, j'ai préparé mon festin ; mes bœufs et mes bêtes grasses sont tués, tout est prêt, venez aux noces. Mais, sans s'inquiéter de l'invitation, ils s'en allèrent, celui-ci à son champ, celui-là à son trafic ; et les autres se saisirent des serviteurs, les outragèrent et les tuèrent. Le roi fut irrité ; il envoya ses troupes, fit périr ces meurtriers, et brûla leur ville. Alors il dit à ses serviteurs : Les noces sont prêtes ; mais les conviés n'en étaient pas dignes. Allez donc dans les carrefours, et appelez aux noces tous ceux que vous trouverez. Ces serviteurs allèrent dans les chemins, rassemblèrent tous ceux qu'ils trouvèrent, méchants et bons, et la salle des noces fut pleine de convives. Le roi entra pour voir ceux qui étaient à table, et il aperçut là un homme qui n'avait pas revêtu un habit de noces. Il lui dit : Mon ami, comment es-tu entré ici sans avoir un habit de noces ? Cet homme eut la bouche fermée. Alors le roi dit aux serviteurs : Liez-lui les pieds et les mains, et jetez-le dans les ténèbres du dehors, où il y aura des pleurs et des grincements de dents. Car il y a beaucoup d'appelés, mais peu d'élus."* »

Ceux qui ont la foi sont invités à ouvrir grand et large pour accueillir. Le festin du Royaume de Dieu accueille plus que l'on n'imagine. Les invités viennent de partout : d'Orient et d'Occident, du nord et du midi, sans distinction de religion ni de couleur. Ceux qui sont prêts à aimer, les portes leur sont ouvertes aux noces eschatologiques. Le nombre des invités, comme celui des sauvés, n'est jamais fixé à l'avance. Jésus montre ici l'impertinence d'une approche numérique et quantitative. Son salut est offert à celui qui choisit de suivre la route de son amour. Ceux qui aiment empruntent la porte étroite. La porte étroite signifie que le chemin n'est pas facile non plus. Il est difficile, mais ceux qui prennent ce chemin ne se laissent pas emprisonner par les difficultés. Ils accueillent le salut comme un don de Dieu.

XII.2. Le Royaume est un trésor à chercher

Le Royaume annoncé par Jésus n'est pas un endroit de désordre. Pour y entrer, il faut être digne, il faut une ligne de conduite au préalable qui corresponde à l'évangile et à la parole annoncée par Dieu. Il faut avoir revêtu l'habit de noces comme le texte précédent vient de nous le dire. Ce qui montre sa cherté et son importance. Ce Royaume n'est pas accordé à n'importe qui. Pour l'obtenir, il faut se battre, comme lorsque quelqu'un se bat pour trouver un trésor ou des perles fines.

Le Royaume est comme un trésor caché ou des perles fines à trouver : Mt 13,44-46

« *Jésus disait à la foule ces paraboles : "Le Royaume des cieux est comparable à un trésor caché dans un champ ; l'homme qui l'a découvert le cache de nouveau. Dans sa joie, il va vendre tout ce qu'il possède, et il achète ce champ. Ou encore : Le Royaume des cieux est comparable à un négociant qui recherche des perles fines. Ayant trouvé une perle de grande valeur, il va vendre tout ce qu'il possède, et il achète la perle. Le Royaume des cieux est encore comparable à un filet qu'on jette dans la mer, et qui ramène toutes sortes de poissons. Quand il est plein, on le tire sur le rivage, on s'assied, on ramasse dans des paniers ce qui est bon, et on rejette ce qui ne vaut rien. Ainsi en sera-t-il à la fin du monde : les anges viendront séparer les méchants des justes et les jetteront dans la fournaise : là il y aura des pleurs et des grincements de dents. Avez-vous compris tout cela ? " —"Oui", lui répondent-ils. Jésus ajouta : "C'est ainsi que tout scribe devenu disciple du Royaume des cieux est comparable à un maître de maison qui tire de son trésor du neuf et de l'ancien."* »

Il s'agit ici du trésor caché. Un homme vend tout ce qu'il possède pour ce trésor. Un négociant vend tout ce qu'il possède pour s'octroyer la perle exceptionnelle. Ce trésor et cette perle font penser à Jésus, notre richesse inégalable. Il est l'envoyé du Père qui est venu sauver l'humanité, en installant son Royaume. Jésus est le trésor cher, mais il est aussi celui qui partage son trésor infini qui n'est rien d'autre que son Royaume et sa vie.

Ces deux paraboles sont difficiles à comprendre sans explication. Une parabole est toujours une comparaison ou un

rapprochement qui renvoie à une idée vraie de la vie et qui formule une leçon morale. La parabole permet de connaître Dieu. Il suffit d'en faire une bonne interprétation.
Dans la première parabole, Jésus parle de l'homme qui vend tout ce qu'il a pour acquérir le trésor qu'il a découvert. Ce geste montre que nous devrions tout faire pour être dignes d'entrer dans le royaume. Il ne s'agit pas d'aller acheter le royaume avec l'argent ou avec des mérites. Cela ne marcherait pas. Le Royaume des cieux annoncé par le Christ ne fonctionne pas comme cela. Il est plutôt question de renoncer dans la joie à tout ce qui faisait le centre de notre existence. Cette explication vaut également pour la deuxième parabole concernant les perles fines.

XII.3. Le Royaume est un lieu du partage

Le Royaume est un lieu de partage. À travers l'image du festin de noces, Jésus nous invite à comprendre l'alliance que Dieu veut sceller avec les hommes. Il convie l'humanité à une communauté de bonheur, mais d'un bonheur partagé. C'est ce bonheur voulu par Dieu qui est au centre du message de Jésus, même s'il est dommage que tous les hommes ne sont pas prenants. Ceux qui devaient en être bénéficiaires n'y accordent aucune attention, ni aucun intérêt. Jésus n'oblige pas. Il annonce qu'il va se tourner vers ceux qui veulent en profiter. L'invitation va être portée vers ceux qui sont disposés à en jouir. Même s'il faut aller jusqu'aux extrémités de la terre, son message ira, c'est le défi qu'il se lance.
L'annonce de cette merveilleuse fête ne va pas s'arrêter. Elle va se poursuivre jusqu'aux confins de la terre, et

jusqu'à la fin des temps. Les gens doutent de cette fête où ils sont pourtant invités par Jésus. Cette parabole s'adresse en fait à tous. Nous devrions tous l'annoncer et en vivre. Le Christ comme berger, nous veut comme troupeau rassemblé. Il nous presse à faire communauté autour de lui. Il souhaite nous voir vivre en Église. Nous devrions être un peuple uni par une même foi, par un seul esprit et par un seul baptême dans lequel nous avons été plongés afin de ressusciter avec le Christ. L'espérance qui nous unit nous conduit, comme un même corps de l'Église, vers un même salut. La charité par laquelle on nous reconnait comme enfants d'un même Père constitue un lien qui nous rassemble comme des frères et des sœurs.

XII.3.1. La communauté, lieu de l'épanouissement de l'homme

Il n'y a pas de vie chrétienne en dehors de la communauté des humains. L'homme est un être social, créé pour être avec les autres. La foi ne se communique et ne s'éprouve qu'au sein d'une communauté où l'on rencontre des frères et des sœurs à aimer. C'est en raison de la vie d'amour et de charité que l'on pourrait répondre aux exigences éthiques de la foi. « Je gagnerai mon ciel en faisant du bien sur la Terre, » disait Sainte Thérèse.

Ils avaient un seul cœur et une même âme : Ac 2,31-32

« *Quand ils eurent fini de prier, le lieu où ils étaient réunis se mit à trembler, ils furent tous remplis du Saint-Esprit et ils disaient la parole de Dieu avec assurance. La multitude de ceux qui étaient devenus croyants avait un seul cœur et une seule âme ; et personne ne disait que ses biens lui appartenaient en propre, mais ils avaient tout en commun.* »

Le Seigneur veut sauver le genre humain et pas une seule personne. Le salut est communautaire parce que nous sommes et nous serons sauvés toujours avec les autres. C'est en allant vers les autres que notre amour du prochain peut se vivre et se vérifier. Mais l'amour c'est quoi ? Ce mot qui est devenu très banal à force de l'utiliser à tous vents, est dense de signification lorsqu'il sort de la bouche du Seigneur à travers son Évangile.

L'amour suppose toujours un partage avec les autres qui sont dans le besoin. Il faut au départ connaître leur besoin pour ensuite tenter avec les moyens qu'on a à disposition pour aider la personne en face et la rendre heureuse.

Pour bien comprendre cela, il n'y a qu'à lire *le texte de Luc* lorsque la question est posée à Jésus : « qui est mon prochain ? » (Lc 10). C'est le proche, en face de moi, dans l'immédiat de ma vie, c'est celui dont mon aide est nécessaire et précieuse. C'est celui-là mon prochain.

XII.3.2. La diversité dans l'unité

La chose la plus précieuse que le Seigneur demande à son Père est l'unité des hommes. Il veut que les hommes ne se déchirent pas dans des divisions qui pourraient aboutir à des violentes qui détruiraient l'humanité. Il porte vraiment ce souci qu'il l'adresse à son Père dans sa prière.

La prière sacerdotale de Jésus : Jn 17,11-19

« En ce temps-là, les yeux levés au ciel, Jésus priait ainsi : « Père saint, garde mes disciples unis dans ton nom, le nom que tu m'as donné, pour qu'ils soient un, comme nous-mêmes. Quand j'étais avec eux, je les gardais unis dans ton nom, le nom que tu m'as donné. J'ai veillé sur eux, et aucun ne s'est perdu, sauf celui qui s'en va à sa perte de sorte que l'Écriture soit accomplie. Et maintenant que je viens à toi, je parle ainsi, dans le monde, pour qu'ils aient en eux ma joie, et qu'ils en soient comblés. Moi, je leur ai donné ta parole, et le monde les a pris en haine parce qu'ils n'appartiennent pas au monde, de même que moi je n'appartiens pas au monde. Je ne prie pas pour que tu les retires du monde, mais pour que tu les gardes du Mauvais. Ils n'appartiennent pas au monde, de même que moi, je n'appartiens pas au monde. Sanctifie-les dans la vérité : ta parole est vérité. De même que tu m'as envoyé dans le monde, moi aussi, je les ai envoyés dans le monde. Et pour eux je me sanctifie moi-même, afin qu'ils soient, eux aussi, sanctifiés dans la vérité. »

Le Christ prie son Père pour garder ses disciples dans la fidélité à son nom. Il demande que le Père les consacre par la vérité. Cela veut dire de veiller sur eux pour qu'ils ne se laissent pas séduire par l'esprit mauvais. Cet esprit mauvais, incarné par la violence, l'injustice, se trouve dans le monde. Il ne veut pas que ses disciples prennent part à cet esprit contraire à l'amour de Dieu. « Je ne suis pas du monde, ils ne sont pas du monde, car ils ont reçu la Parole du Père. Aussi le monde les a pris en haine. »

Jésus ne demande pas à son Père de nous retirer de ce monde. Nous ne devons pas nous éloigner du monde. Le

Christ lui-même est venu, non pas pour condamner le monde, mais plutôt pour lui apporter le salut. C'est en vivant dans ce monde que les disciples du Christ changeront le monde. La mission qu'ils ont reçue de la part de leur maître va dans ce sens, et trouve ici son sens : « Être lumière du monde, et sel de la terre. »
Lorsque l'on veut revêtir le Christ, on décide d'appartenir à son Église. On ne peut pas appartenir à la tête si on n'appartient pas au corps. Le salut qu'offre Jésus est collectif. Il est offert à toute l'humanité sans distinction d'origine, de condition, de race ou de sexe. Et chacun y vient comme il est, et avec ce qu'il est.

Les femmes qui accompagnaient Jésus : Lc 8,1-3

« Jésus passait à travers villes et villages, proclamant la Bonne Nouvelle du règne de Dieu. Les Douze l'accompagnaient, ainsi que des femmes qu'il avait délivrées d'esprits mauvais et guéries de leurs maladies : Marie, appelée Madeleine (qui avait été libérée de sept démons), Jeanne, femme de Kouza, l'intendant d'Hérode, Suzanne, et beaucoup d'autres, qui les aidaient de leurs ressources. »
La belle image toute moderne de l'Église est celle d'un unique vitrail, celui où s'accordent nos multiples couleurs les unes aux autres, en laissant passer la lumière qui vient du Père. L'homme ne devient lumineux que lorsqu'il est traversé par la lumière de l'amour de Dieu. C'est lorsque la lumière de Dieu traverse nos actes et nos pensées, que nous nous accordons à nos frères et que le vitrail se trouve embelli, et que l'Église resplendit de toute sa beauté.

Par la foi, malgré nos différences, nous sommes rassemblés sur un même chemin. Chacun apporte le don de sa propre vie, avec ce qui lui est spécifique dans cette marche à la suite de Jésus. Jésus veut le rassemblement du genre humain. C'est son désir le plus profond et c'est la chose la plus précieuse qu'il demande à son Père dans la prière sacerdotale lorsqu'il prie ainsi en **JN 17,20-26** : « *Je ne prie pas seulement pour ceux qui sont là, mais encore pour ceux qui accueilleront leur parole et croiront en moi. Que tous, ils soient un, comme toi, Père, tu es en moi, et moi en toi. Qu'ils soient un en nous, eux aussi, pour que le monde croie que tu m'as envoyé. Et moi, je leur ai donné la gloire que tu m'as donnée, pour qu'ils soient un comme nous sommes un : moi en eux, et toi en moi. Que leur unité soit parfaite ; ainsi, le monde saura que tu m'as envoyé, et que tu les as aimés comme tu m'as aimé. Père, ceux que tu m'as donnés, je veux que là où je suis, eux aussi soient avec moi, et qu'ils contemplent ma gloire, celle que tu m'as donnée parce que tu m'as aimé avant même la création du monde. Père juste, le monde ne t'a pas connu, mais moi je t'ai connu, et ils ont reconnu, eux aussi, que tu m'as envoyé. Je leur ai fait connaître ton nom, et je le ferai connaître encore, pour qu'ils aient en eux l'amour dont tu m'as aimé, et que moi aussi, je sois en eux.* »

Jésus prie pour l'unité de ses disciples. Il les confie à son Père en le priant de les garder fidèles à l'Évangile d'amour et de fraternité qu'ils ont reçu. La communion entre ses disciples est intrinsèque à l'unité du Père, avec le Fils et avec l'Esprit Saint. Le Père est père parce qu'il y a un Fils, et le Fils est fils parce qu'il a un Père dans lequel il s'épanouit. Leur union se traduit par l'Esprit qui fait vivre.

Cette prière pour l'unité de ceux qui le suivent porte des allures œcuméniques et pousse tous ceux qui veulent se mettre derrière Jésus à casser les barrières de la division.

Ils doivent s'ouvrir à l'unité qui n'exclut pas la diversité et la différence. La diversité est une richesse. Les disciples de Jésus, eux-mêmes, étaient très différents. Pierre a ses particularités dans l'Évangile, Thomas a ses spécificités, Jean a son caractère et ses émotions, et chacun apporte ce qu'il est à l'unité des disciples. Ce qui encourage l'œcuménisme aujourd'hui. Accepter la différence, en nous mettant ensemble. Une anecdote : il semblerait que les gens distribuent le parrainage des apôtres de cette manière : Pierre est la figure emblématique des catholiques, Paul des protestants et Jean des orthodoxes. Il y a une raison à cela selon une certaine interprétation : on retrouve chez Pierre, le côté institutionnel tout aussi solide dans l'Église catholique romaine, tandis que chez saint Paul il y a le côté existentiel bien connu par les protestants depuis Luther, et enfin chez saint Jean, le côté mystique très marqué dans la pratique des orthodoxes. Tout en assumant les différences et la diversité, Jésus n'accepte pas la division. Il n'est pas celui qui sépare. Il le manifeste ouvertement lorsqu'il parle de l'indissolubilité de l'union entre deux époux. On n'a pas le droit de répudier. On n'a pas le droit de chasser et de rejeter. Qu'il s'agisse des femmes, des hommes, ou même des enfants. « Laissez les enfants venir à moi, car le Royaume des cieux appartient à ceux qui leur ressemblent. ». Dieu ne sépare pas. Il réunit. On le voit déjà à la création lorsqu'il intervient dans le chaos primitif. Dieu travaille au rassemblement et à l'unification. Jésus vient renouer les liens que les hommes ont saccagés par leur péché.

L'indissolubilité de l'union entre l'homme et la femme : Mc 10,2-12

« *Des Pharisiens, l'ayant abordé, lui demandèrent s'il est permis à un mari de répudier sa femme. C'était pour le mettre à l'épreuve. Il leur répondit : " Que vous a ordonné Moïse ?" Ils dirent : " Moise a permis de dresser un acte de divorce et de répudier. " Jésus leur dit : " C'est à cause de votre dureté de cœur qu'il a écrit pour vous cette loi. Mais, au commencement de la création, Dieu les fit mâle et femelle. À cause de cela, l'homme quittera son père et sa mère et s'attachera à sa femme, et les deux ne seront qu'une seule chair. Ainsi ils ne sont plus deux, mais une seule chair. Que l'homme donc ne sépara pas ce que Dieu a uni ! " De retour à la maison, ses disciples l'interrogeaient encore sur ce sujet, et il leur dit : " Celui qui répudie sa femme et en épouse une autre, commet l'adultère à l'égard de la première. Et si celle qui a répudié son mari en épouse un autre, elle commet l'adultère."* »

Cette parole pourrait-elle passer aujourd'hui ? Qui pourrait l'écouter sans murmurer ? Le courant que porte notre société actuelle semble contredire cette loi divine. Plusieurs manières de vivre l'union sont en train de voir le jour actuellement au point où ceux qui suivent cette loi de l'Évangile se gênent et se culpabilisent. Ils sont forcés de se justifier tout le temps comme si les autres modes de vie étaient devenus des normes.

Jésus serait-il démodé et anachronique ? Souvent ceux qui inventent d'autres manières de vivre veulent convaincre que c'est l'amour qui est à l'origine de leur changement de modes. Même le divorce est justifié et présenté comme préférable à une vie sous le joug, la frustration et les humiliations insupportables.

La proposition de Jésus n'est pas la moins humaine. Jésus présente l'indissolubilité comme une proposition positive et une grâce pour le genre humain. Jésus veut que l'homme accepte sa proposition comme un lieu de l'épanouissement de l'amour. Il veut que le mariage soit un espace de tendresse et de partage des potentialités que Dieu a placées dans chaque homme et dans chaque femme, pour un bonheur à construire ensemble. L'amour ne peut se vivre véritablement que dans l'effort et la croix, dans un dépassement quotidien. L'amour est un don sans mesure et sans limite.

XII.3.3. La mission de l'Église et des disciples : être lumière du monde

Le Christ confie une grande tâche à ceux qui l'écoutent. Il définit à travers son discours sur la montagne la ligne de leur mission : la lumière du monde ! Il est lui-même cette lumière venue dans le monde pour l'éclairer, mais il veut surtout que ceux qui le suivent le soient aussi. La lumière doit être placée sur le lampadaire pour qu'elle brille sur le monde. Notre lumière ne doit pas être un feu de paille qui s'éteint vite, elle devrait éclairer longtemps la détresse des personnes souffrantes de notre planète.
La flamme qu'apporte le chrétien est d'abord espérance dans l'obscurité de la détresse humaine. La lumière du chrétien se trouve dans la prière de Saint François : « que là où il y a la haine, je mette l'amour, là où il y a la division, je mette l'unité, là où il y a la guerre, je mette la paix etc. »

Sel de la terre et lumière du monde : Mt 5,13-16

« Comme les disciples s'étaient rassemblés autour de Jésus, sur la montagne, il leur disait : " Vous êtes le sel de la terre. Si le sel se dénature, comment redeviendra-t-il du sel ? Il n'est plus bon à rien : on le jette dehors et les gens le piétinent. Vous êtes la lumière du monde. Une ville située sur une montagne ne peut être cachée. Et l'on n'allume pas une lampe pour la mettre sous le boisseau ; on la met sur le lampadaire, et elle brille pour tous ceux qui sont dans la maison. De même, que votre lumière brille devant les hommes : alors, en voyant ce que vous faites de bien, ils rendront gloire à votre Père qui est aux cieux." »

Jésus donne une identité à ses disciples et à tous ceux qui le suivent. Ils sont sel de la terre et lumière du monde. Ils sont l'âme du monde sans laquelle le monde s'effondre. Il leur donne beaucoup d'importance et les rappelle à l'ordre. Leur rôle dans le monde est capital. Le monde ne pourrait pas se passer d'eux.

Pour l'expliquer Jésus utilise deux images de la vie ordinaire. Jésus s'adresse à ceux qui ont déjà accepté de le suivre et qui sont rassemblés autour de lui sur la montagne. C'est à eux qu'il donne une ligne de conduite et une feuille de route. Ils ont déjà goûté au sel du baptême et savent ce que c'est, et connaissent sa saveur. C'est le sel qui donne du goût à la nourriture. Il en va de même de la présence des chrétiens dans le monde. Leur rôle est de donner un goût humain à la vie du monde, de montrer au monde comment vivre dans l'amour sans lequel le genre humain se déchire et se tue.

La deuxième image est la lumière. On ne l'étouffe pas sous l'éteignoir. On ne la met pas sous le boisseau. On la place au-dessus de tout le monde pour qu'elle éclaire. La lumière n'est pas lumière pour elle-même, mais plutôt pour les autres, tous ceux qui sont autour et qu'elle doit éclairer. Le chrétien porte la responsabilité d'éclairer ceux qui croisent son chemin dans ce monde. Cela se fait par les actes de charité et les bonnes œuvres. Isaïe n'avait-il pas raison de prophétiser en disant : « Ta lumière jaillira comme l'aurore si tu partages ton pain avec celui qui a faim, si tu recueilles le malheureux sans abri, si tu ne te dérobes pas à ton semblable. » C'est tout un programme.

CONCLUSION GÉNÉRALE

Dieu, en créant l'homme à son image, a voulu que cet homme brille de l'amour, et devienne le reflet même de son amour, lui-même Dieu étant amour. Mais Dieu savait bien que l'homme n'était pas Dieu. Il n'était qu'un être à son image. Il n'était pas parfait, mais il était appelé à la perfection et à la sainteté de Dieu. « Soyez parfait, comme votre Père céleste est parfait. »

Cette demande de Jésus vient trouver toute son importance dans la nature limitée et fragile de l'homme, cet homme prêt à être loup pour l'autre. L'homme est capable de détruire l'humanité par sa méchanceté et par la part d'imperfection qu'il porte en lui. Notre temps actuel en est venu à l'évidence avec la course à l'armement, avec la fabrication de ces armes de plus en plus sophistiqués capables de brûler la terre par une simple touche d'un bouton, et avec la création des conflits et des guerres voulues pour des intérêts souvent égoïstes.

Comment sortir l'homme de ce danger qui devient permanent ? Comment éviter la catastrophe qui risque d'anéantir l'œuvre de Dieu et son souhait de voir l'humanité se régénérer ? La seule réponse qui pourrait sauver notre humanité vient du Seigneur lui-même qui nous parle à travers sa révélation. Il faut l'écouter. Il a parlé par les prophètes dans l'Ancien Testament, mais en ces temps qui sont les nôtres, il nous parle par son Fils, Jésus Notre Seigneur, Parole incarnée dans notre humanité pour nous sauver. Il est la lumière qui éclaire le monde. Comme il respecte notre liberté, il nous fait une grande proposition qui est celle de l'amour. Toute personne qui porte l'amour en elle ne peut pas détruire son frère. Si elle est en conflit avec lui, le chemin du dialogue et du pardon permet la réconciliation et la paix.

La paix est le fruit concret de l'amour entre les hommes. Dieu aime tellement l'homme qu'il l'a associé à son œuvre de création. Il le joint à son action salvatrice. Cet homme est devenu co-créateur avec Dieu. Celui-ci lui a donné des capacités d'invention. Il invente avec lui des chemins de bonheur pour lui. L'homme devient ainsi responsable de l'homme. Les divers pouvoirs qu'il reçoit ne doivent servir qu'à chercher, par tous les moyens, le bonheur de tous, la paix et non la destruction. Dieu veut un homme en paix et en repos, prêt à faire la fête avec son frère en partageant la joie du Royaume dans une communion authentique.

TABLE DES RÉFÉRENCES BIBLIQUES

TABLE DES MATIÈRES

Imprimé en France - R_52614 - juillet 2023 - 14110 Condé-sur-Noireau
RapidBook, une marque du Groupe Corlet Imprimeur